Mein
Engel-Jahrbuch

Jutta Fuezi
Wulfing von Rohr

Mein Engel-Jahrbuch

365 Himmelsbotschaften
für Kraft, Licht und Inspiration

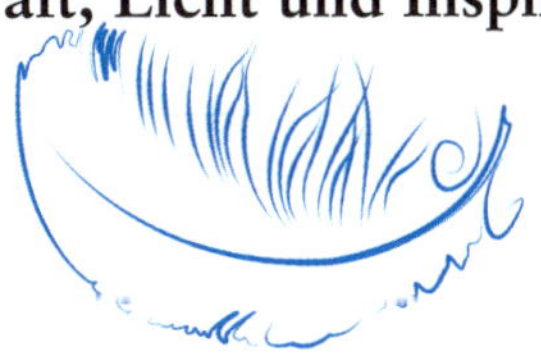

Ansata

MIX
Papier aus verantwortungsvollen Quellen
FSC® C005833

Verlagsgruppe Random House FSC® N001967
Das für dieses Buch verwendete FSC®-zertifizierte Papier
Arcoset white liefert Fedrigoni, Deutschland.

Ansata Verlag
Ansata ist ein Verlag der Verlagsgruppe Random House GmbH.

ISBN 978-3-7787-7469-4

Erste Auflage 2013

Printed in the Czech Republic
Redaktion: Dr. Diane Zilliges
Image-Design, Layout und Satz: te·ha grafik, draenn@gmail.com
Einbandgestaltung: Guter Punkt, München,
unter Verwendung einer Illustration von te·ha grafik
Druck und Bindung: Těšínská Tiskárna a.s., Český Těšín

www.ansata-verlag.de

Gruß und Einladung

Liebe Leserinnen und Leser, liebe Engelfreunde, liebe Seelengefährten auf unserer großen, geheimnisvollen und aufregenden Lebensreise: Dieses kleine Büchlein soll Ihnen ein getreuer Begleiter durch den Tag und die Wochen sein. Es möchte Ihnen Impulse geben, Sie ermuntern, wieder mehr an sich selbst zu glauben, etwas für Ihr Leben zu tun – und dabei auch immer auf den allgegenwärtigen Schutz, auf die Liebe und den Segen der Schöpferkraft und seiner Boten, der Engel, zu vertrauen. Im kleinen Reclam-Bändchen »Vom Wunder der Seele« finden wir weise, tröstliche und wahrhaft ermächtigende Worte von Meister Eckhart, die auch heute noch ihre Geltung besitzen:

Mit den obersten Kräften rührt die Seele an Gott;
davon wird sie nach Gott gebildet. ...
Die Seele vergleicht sich auch den guten Engeln,
die da beständig in Gott wirken. ...
(Sie ist) ein überschwebendes Licht und ein Bild göttlicher Natur,
von Gott geschaffen. Dies Licht trägt die Seele in sich selbst.

Mögen die Gedanken aus dem Engelbewusstsein für jeden Tag des Jahres das Licht Ihrer Seele noch heller leuchten lassen, damit Sie und Ihre Lieben und Ihre Mitmenschen mehr Liebe und Freude und Frieden erfahren.

Mit einem herzlichen Gruß,
Jutta Fuezi und Wulfing von Rohr

Wie Sie dieses Büchlein nutzen können

1. Tagesspruch
Lesen Sie am Morgen den Spruch des jeweiligen Tages. Spüren Sie, was er Ihnen für heute vermitteln möchte.

Lesen Sie am Abend denselben Spruch noch einmal und empfinden Sie nach, welche Impulse er Ihnen für die Rückschau auf den Tag geben kann.

2. Orakel
Nutzen Sie das Büchlein als »Orakel«. Wenn Sie eine Frage haben, wenn ein Thema Sie besonders bewegt, dann halten Sie inne und spüren Sie sich ein. Schlagen Sie mit geschlossenen Augen eine Seite auf und gehen Sie mit einem Finger zu einer Stelle … Verblüffend oft finden Sie neue Inspiration, tieferes Verständnis oder sogar eine klare Problemlösung.

3. Grüße an liebe Mitmenschen
Wenn Ihnen ein Spruch besonders gefällt, schreiben Sie ihn auf eine Geburtstagskarte für eine liebe Freundin, auf einen kleinen Gruß für Angehörige, auf ein Post-it für den eigenen Kühlschrank.

4. Engel-Tagebuch
In diesem Buch finden Sie Raum für Ihre eigenen Notizen – Einsichten, Inspirationen und Gedanken, die Ihnen an diesem Tag wichtig sind. So wird dieses Büchlein zu Ihrem ganz persönlichen Engel-Tagebuch.

Noch ein Hinweis:
Für jeden Monat finden Sie hier einen Erzengel, der den betreffenden Monat auf besondere Weise begleitet. Die Tagesengel entsprechen der Engelnumerologie. Im Anhang finden Sie Stichworte zur Bedeutung dieser Erzengel und Tagesengel. Wir wissen, dass manche Autoren für jeden Tag einen der »großen« Erzengel angeben, aber nach unserer Erfahrung sind die Erzengel wirklich für das Große und Ganze zuständig, nicht für Einzeltage. Das heißt jedoch nicht, dass Sie nicht aufgrund einer vielleicht ganz speziellen Beziehung zum einen oder anderen Erzengel diesen immer an Ihrer Seite haben können.

Januar

Erzengel Michael

Ein Jahr voller neuer Energien,
Herausforderungen und Lichtblicke erwartet dich.
Öffne deine Arme und auch dein Herz
und nimm alles liebevoll an.
Ich helfe dir, Ängste und Zweifel zu lösen und positiv
und zuversichtlich durchzustarten.
Wende dich an mich, wenn du alte Muster und Themen
aus der Vergangenheit loswerden willst.
Mach deine Augen und Ohren auf,
damit ich dir wunderbare neue Einblicke
und Botschaften schicken kann.
Das Leben ist ein Abenteuer
und du solltest es tatsächlich erfahren.
Spring über deinen Schatten!
Ich bin neben dir, immer!

Vertraue mir,
dem Erzengel Michael!

1. Januar Neujahr *Teiael*

Das neue Jahr bietet dir viele Geschenke und Möglichkeiten. Die Engel freuen sich für dich und helfen dir, dich weit und vertrauensvoll für diese Gaben zu öffnen. Genieße dein Leben im Kontakt mit den lichten Wesen und wachse so in deinem eigenen Licht. Du bist ein wertvolles Geschenk Gottes für diese Welt. Erlebe dich und liebe dich.

. . . .

. . . .

. . . .

2. Januar *Hasiel*

Schaue genauer in dein Leben hinein. Betrachte die Fülle und den Reichtum deiner Gefühle und Ideen, deiner Inspiration und deiner Intuition. Spüre, welche Kräfte zu handeln und zu heilen in deinen Händen liegen. Nutze und verwandle das, was zu misslingen scheint.

. . . .

. . . .

. . . .

3. Januar *Baruch*

In dir selbst ist die Quelle deines Glücks. Lasse sie frei in dir und aus dir heraus sprudeln. Ein aufrichtiges Lächeln deines Herzens ist dein Schlüssel dafür, diese Quelle zu öffnen. Quelle und Schlüssel werden vom Licht der Engel in deinem Herzen behütet und geliebt. Erkenne und schätze dies.

. . . .

. . . .

. . . .

4. Januar *Abdiel*

Deine Zukunft ist vor dir ausgebreitet. Folge deiner inneren Stimme. Dein Vertrauen führt dich zu neuen wunderbaren Ufern. Der Himmel begleitet dich. Es ist alles möglich, wenn du selbst es dir auch zugestehst.

5. Januar *Ramiel*

Der Mensch möge am Miteinander voneinander lernen. Unsere Tage sollen der wahren Lichtquelle unseres Inneren entsprechen! Messt euch an euren gütigen Handlungen und veredelt euer liebevolles Verhalten.

6. Heilige Drei Könige *Jeremiel*

Es gibt höheren Sinn, warum du da bist, wo du bist. Du hast auch eine liebevolle Aufgabe an anderen Menschen. Schau dich um: Wo kannst du lichtvoll dienen und liebevoll wirken? Wer braucht dich noch, außer du dich selbst? Du hast eine Aufgabe hier an dir und mit anderen.

7. Januar *Domiel*

Nimm dir lichtvolle Handlungen vor. Nutze deine Energie positiv. Es gibt immer Möglichkeiten, Gutes zu vollbringen. Dies öffnet dir deinen Horizont und ermöglicht neue Wege für dich. Die Zeit der Erkenntnis und Offenbarung öffnet sich.

. . . .

. . . .

. . . .

8. Januar *Cosmiel*

Das Mitgefühl ist eine große Qualität der Mitmenschlichkeit. Was kannst du heute in dir noch mehr stärken? Was ist dein Wille für eine gute Welt? Finde diesen Schlüssel in dir! Nutze ihn jetzt für dich und für diese Welt!

. . . .

. . . .

. . . .

9. Januar *Ariel*

Schaue nach vorn, beleuchte deinen Weg, verliere diesen nicht aus den Augen. Deine Gefühle heute bestimmen den Weg. Beobachte dein Wirken in deiner Gegenwart, denn das gestaltet die Zukunft. Lebe bewusst! Im Hier und Jetzt!

. . . .

. . . .

. . . .

10. Januar *Zuriel*

Die Engel schenken dir viel Vertrauen und reichen dir die Hand. Nimm diese Hilfe an und sei sicher dabei. Du bist nie allein. Das göttliche Licht ist immer in dir. Bereite dich mit dieser Hilfe auf deine Entscheidungen vor und wirke.

11. Januar *Nathanael*

Sei eine Einheit mit deinem inneren Gott, voller Fülle im Vertrauen. Alle Kraft lebt in dir mit; nutze dein großartiges Licht. Du bist im Lichte nie allein. Komm aus der Dunkelheit der Trauer in das sonnige Licht.

12. Januar *Israfel*

Du bist immer von kosmischer Liebe umgeben. Liebe ist die größte Kraft. Genauso ist es in dir. Spüre diese Kraft! Du selbst bist diese vollständige Kraft. Der Liebesgruß ist in dir!

13. Januar ***Dabriel***

Die lichtvolle geistige Welt kommuniziert mit dir. Die Engel suchen immer nach Möglichkeiten, um an dich und an dein Bewusstsein heranzukommen. Hilf ihnen mit deiner inneren Stimme, in der Stille. Du wirst geliebt! Erlebe dies in dir.

14. Januar ***Barachiel***

Deine Welt kann schön sein, wenn du mit Gottes Augen siehst und die Vollkommenheit der Liebe erkennst. Habe Vertrauen in dich. Du wirst es schaffen. Genieße auch die Kleinigkeiten dieser schönen Welt. Verschönere deine Wirklichkeit mit jedem Augenaufschlag und jedem Herzschlag.

15. Januar ***Abuliel***

Lerne, aus dem Inneren zu schauen. Nur aus dem Herzen heraus sieht man gut. Lerne, die Sprache der Engel zu verstehen, denn sie bringen den Himmel in dein Herz. So kannst du von »oben« schauen, die Welt wirklich erkennen. Der Himmel lebt in deinem Herzen! Lebe und schaue!

16. Januar *Kemuel*

Spürst du die lichtvolle Berührung deines Engels bei dir? Genieße sie, solange du das brauchst, denn diese Berührung ist immer für dich da. Nutze die Kraft der Liebe in dir, auch diese ist immer da. Erlaube den Engeln, ein Teil von dir zu werden und in ihrer Liebe zu wirken. So entwickelst du dein eigenes Engelwesen im Alltag.

17. Januar *Suriel*

Schaue die Fülle des Lebens! Blicke dich um, wie schön es ist. Sieh in dich hinein und spüre, wie schön es ist. Das Leben ist voller wunderbarer Gefühle. Lebe jetzt und fühle dich frei.

18. Januar *Jehudiel*

Schau in dein Leben genauer hin. Mache dir Notizen, wenn du willst. Was fällt dir auf Anhieb ein? Deine Aufgaben, deine Freude und deine Mitmenschen? Sieh, wie breit dein Horizont und Mitgefühl sind, und erfreue dich am vorhandenen Wirken.

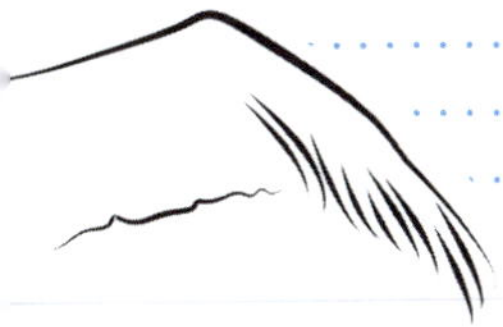

19. Januar *Esrael*

Von innen nach außen zu gehen, um Lichtvolles zu vollbringen, ist richtig. Beobachte, wie dein Herz klopft und zu dir spricht. Was ist wirklich dein Anliegen? Erst wenn du das klar erkennst, vollziehe dies. Alle Kraft liegt in dir.

20. Januar *Anafiel*

Kein Kampf ist seine Mühe wert. Aus dem Frieden kommt ein lichtvolles Ergebnis. Tritt einen Schritt zurück, anstatt im Kampf nach vorn, in deine innere Stille. Da findest du die Antworten auf das »Was?«, »Wie?« und »Warum?«; in der wahren Liebe!

21. Januar *Zophiel*

Höre in dich hinein und beobachte, was du alles richtig und gütig gemacht hast. Baue auf deinen Stärken auf! Beobachte deine Stärken heute besonders, damit dir deine Möglichkeiten noch mehr bewusst werden können. Folge den Zielen des Lichts in deinem Leben, dem freudevollen Wirken.

22. Januar *Orifiel*

Die Engel wirken durch deine Intuition, durch deine Herzensstimmigkeit. Wenn du in deiner Herzensstimmigkeit schreibst, so wirken sie auch durch dein geschriebenes Wort. So auch durch deine Ausstrahlung, deine Kraft, deinen Gesang und so fort. Also wirke bewusst, im Herzen verankert und stimmig!

. . . .

. . . .

. . . .

23. Januar *Gasardiel*

Jeder Mensch besitzt sein wunderbares heiliges Menschen-Potenzial. Durch geistige Berührung kann jeder Mensch das heilsame Wirken erleben. In deiner Stille, in einem reinen Gebet folge der geistigen Berührung!

. . . .

. . . .

. . . .

24. Januar *Cassiel*

Du hast die Kraft der Intuition und die Macht des Handelns in dir. Verbinde diese mit deinem lichtvollen freien Willen und das scheinbar Unmögliche wird passieren. Dein Leben liegt in deiner Hand. Öffne diese!

. . . .

. . . .

. . . .

25. Januar *Dina*

Die Welt ist ein Spiegel deiner Seele. Schaue also so in die Welt hinaus, damit du deine Schönheit erfahren darfst. Begegne den Menschen mit einer hilfsbereiten, offenen Hand, sodass die Hilfe auch zu dir eilen darf. Spüre deine Gebete im offenen Herzen. Spüre die Engel tanzend im Herzen. Die Welt ist dein!

26. Januar *Barbiel*

Mit jedem Atemzug gestaltest du deine Zukunft. Mit jedem Schritt entwickelst du deinen Weg. Strebe nach höherem Lebenssinn des Friedens in dir und du erlebst eine neue Welt. Flechte aus allen Ereignissen einen lichtvollen Weg, einen Weg allen Lebens!

27. Januar *Vretil*

Was ist das Geschenk der Gegenwart? Was sagt dein Atemzug über dich aus? Wie erlebst du die Gegenwart? Erkenne die Geschenke des Himmels daraus! Welche Gnade des Lebens ist dir offenbart? Schöpfe Dankbarkeit daraus!

28. Januar *Kmiel*

Im Herzen deines Inneren ist ein wundervoller Blumenstrauß für dich! Nimm das Gefühl der Liebe für dich an. Dieser ist jetzt nur für dich da. Schöpfe aus der Liebe deines Inneren. Sei in dir gegenwärtig!

. . . .

. . . .

. . . .

29. Januar *Curaniel*

Du kannst durch dein Leben marschieren und allen vorgegebenen und befohlenen Wegen folgen. Dies vermittelt begrenzte Sicherheit und nimmt scheinbare Gefahr. Du bist aber dafür geboren, dich von der Welle des Lichtes in deinem Leben tragen zu lassen. Deine Einstiegsmöglichkeit dahin bietet dir Vertrauen. Denn es gibt keine Gefahr, sondern nur Grenzenlosigkeit. Die Liebe zeigt es dir!

. . . .

. . . .

. . . .

30. Januar *Merkabah*

Die Engel bieten dir heute eine neue Tür zu einer Fülle an Auswegen und anderen Möglichkeiten. Mache dir darüber Gedanken, was du wirklich brauchst und was für dich wichtig ist. Segne das, was sich für dich stimmig anfühlt, und übergib es den Engeln. Für dich ist gesorgt.

. . . .

. . . .

. . . .

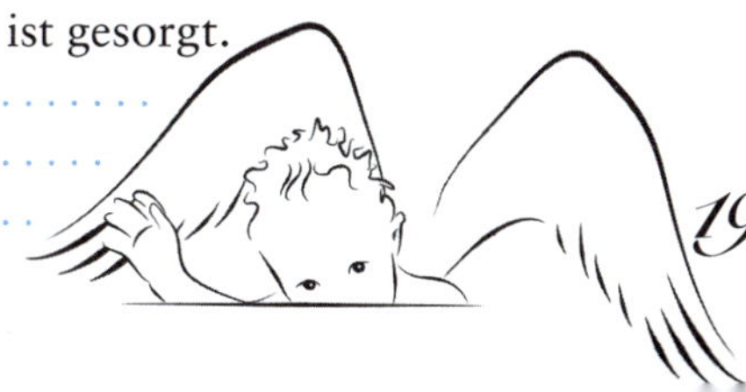

31. Januar

Ramiel

Du bist hierher inkarniert, um deinen Weg ins reine Licht voller Verständnis und Mitgefühl zu gestalten und zu gehen. Verkürze deinen Weg, indem du würdevoll in deiner stimmigen Liebe handelst, denn du bist und bleibst frei in der Auswahl deines Weges zum Licht! Schenke dem Leben dein Lächeln und das Licht öffnet sich für dich!

....

....

....

Februar

Erzengel Gabriel

Auch wenn dieser Monat noch etwas dunkel scheint,
das Licht ist in dir.
Lass es zu und sende ein Leuchten nach außen
und zu jedem Menschen, der dir begegnet.
Du bist ein wertvoller und ganz besonderer Mensch
und dessen darfst du dir bewusst sein.
Bitte mich um Hilfe, ich werde an deiner Seite sein –
egal bei welchem Thema.
Bring wieder mehr Optimismus, Lachen und Freude
in dein Leben.
Alle meine Engel werden dich dabei unterstützen
und dir den nächsten Schritt zeigen.
Du hast unglaubliche Fähigkeiten hierher mitgebracht.

Nutze sie jetzt!

1. Februar *Hasiel*

Dein Kanal nach oben besteht immer. Pflege ihn, damit er in dir offen für die lichtvollen Sphären bleibt. Denn so erhältst du geistige Inspirationen für deinen Weg in eine von Freude erfüllte Tat. Atme tief und halte inne. Spüre den Lichtkanal, der durch dich fließt. Atme und lebe ihn. Denn du bist rein im Licht.

. . . .

. . . .

. . . .

2. Februar Mariä Lichtmess *Baruch*

Es ist wichtig gewesen, sich in allen Facetten erlebt zu haben. Wenn du nun genug übertriebenen Großmut und vielleicht auch Selbstunterdrückung kennengelernt hast und dies nicht mehr willst, so besinne dich auf das reine Licht in dir, auf die wunderbare Tat!

. . . .

. . . .

. . . .

3. Februar *Abdiel*

Der Himmel schickt dir immer vielfältige Menschen für deine Selbstbesinnung. Lerne an ihnen, Helles wie auch Verdunkeltes loszulassen – für dein Sein. Bleib in deiner Besinnung auf das Gute und Liebe in dir und in Menschen, die du liebst und die auch dich lieben.

. . . .

. . . .

. . . .

4. Februar *Ramiel*

Du hast viele Werkzeuge für die Verwirklichung deines Ziels zur Verfügung. Nutze sie aufrichtig und bewusst, denn alles Lebendige liegt in deiner Hand. Wer braucht heute dein freundliches und hilfsbereites Dasein? Wer möchte dir sein freundliches und hilfsbereites Dasein schenken? Sei offen in dir.

5. Februar *Jeremiel*

Spüre die Erde atmend unter deinen Füßen. Höre auf die Stimme der Natur. Alles Lebendige spricht zu dir. Du findest deine Kraft in ihr. Erlebe sie und sei bereit für die universelle Liebe in dir. Alles ist da!

6. Februar *Domiel*

Manchmal sollte man in den Tunnel des eigenen Wesens schauen und sich fragen: Was tu ich für das Licht am Ende des Tunnels? Wenn du deine Möglichkeiten nutzt, dann hab jetzt Geduld für das Licht in deinem Dunkel, denn es erfüllt dich. Erhelle dich!

7. Februar *Cosmiel*

Die Pflege der Gedanken ist wichtig, denn die Gedanken erschaffen deine Realität. Achte darauf, deine Gedanken von Liebe begleitet zu sehen – für eine göttliche Wirklichkeit. Dann spürst du deine Führung im Hier und Jetzt, in der Fülle des Seins in dir. Erwache zum neuen Frieden.

. . . .

. . . .

. . . .

8. Februar *Ariel*

Es ist viel Bewegung um dich herum. Ist auch viel Unruhe in dir? Forme sie sinnvoll um, für eine Bewegung hin zur lichtvollen Freude und Fülle! Atme erfüllt davon! Lebe in dieser Fülle!

. . . .

. . . .

. . . .

9. Februar *Zuriel*

Dein Schutzengel möchte deine Hand halten und dich führen. Reich ihm die Hand und lass dich führen, dann merkst du: Du bist nicht allein. Alle lichtvollen Kräfte warten darauf, dich zu führen. Reich ihnen die Hand des Vertrauens!

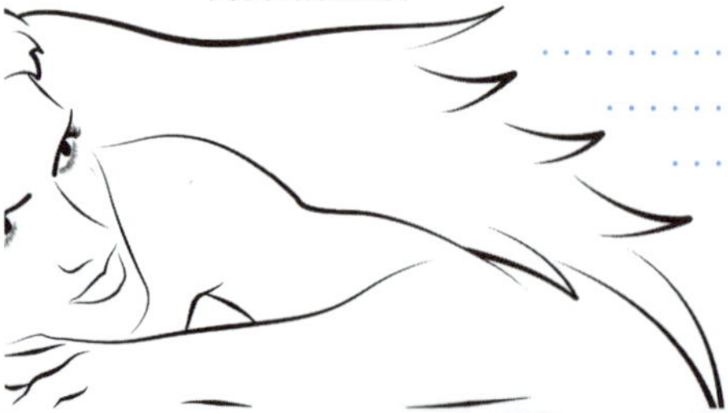

. . . .

. . . .

. . . .

10. Februar *Nathanael*

Halte Konferenz mit dir selbst. Notiere dir, was dir dein Verstand sagt. Was ist Wahres daran und was ist Zweifel? Was teilt dir dein Herz mit? Was ist Liebe und was ist Fantasie? Wie spürt dein Körper die reinste Gotteswahrheit? Sortiere aus nach dem, was sich im Bauchatem stimmig und freudevoll anfühlt und was nicht. Bring Ordnung in dein System und Licht in deine Gedanken, dein Gefühl und dein Tun, in deinen Atem.

. . . .

. . . .

. . . .

11. Februar *Israfel*

Wenn du eine Orientierung in deinem Leben brauchst, dann schau, was das Leben dir an Möglichkeiten bietet. Wo befindet sich vielleicht eine noch größere Chance, an die du noch gar nicht gedacht hast? Folge nicht nur deiner fixen Vorstellung vom Leben, wie es zu sein hat, sondern lass dich vom unbekannten Neuen überraschen.

. . . .

. . . .

. . . .

12. Februar *Dabriel*

Der Pfad eines Lebens kann nicht immer gerade und überschaubar sein. Denn an Herausforderungen wachsen wir. Entwickle Begeisterung für neue Aufgaben und verfolge sie mit neuem Elan. Die Erfüllung ist bei dir!

. . . .

. . . .

. . . .

13. Februar *Barachiel*

Jeder Mensch, der dich begleitet, hat seine Aufgabe in sich selbst. Ihr teilt gemeinsame Erfahrungen, und doch geht jeder für sich. Der Weg zur Harmonie ist der Sinn. Die Liebe ist das Ziel, für jeden in sich selbst!

14. Februar *Abuliel*

Werde ein Team mit den Engeln, die dich begleiten. Besprich mit ihnen deine Vorhaben, im Gefühl der Reinheit und Stimmigkeit. Lass dich lehren von deinen Lichtbegleitern, durch deine Begeisterung am Neuen. Du erreichst dein Ziel durch friedvolle, überzeugte Handlungen. Gesegnet bist du!

15. Februar *Kemuel*

Nicht nur andere Menschen lehren dich, sondern auch du lehrst – bewusst wie auch unbewusst. Dein eigenes Vorleben ist der beste Lehr- und Lernstoff. Sei achtsam dabei, wie du das lebst, was du sagst. Denn sonst lehrst und lernst du nicht stimmig und erfüllst auch nicht deine Aufgabe.

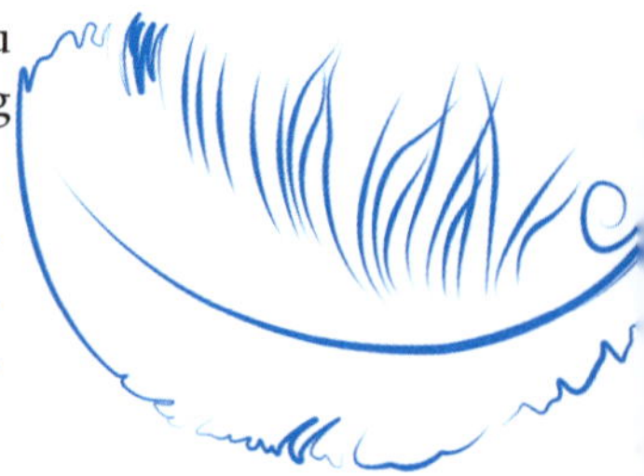

16. Februar *Suriel*

Die Engel schicken dir ganz bewusst liebende Menschen und sprechen durch sie. Hör ihnen heute ganz besonders gut zu und sei achtsam bei den Hinweisen. So hörst du auch auf dein Gefühl, auf deine Engelshinweise. Verfolge deinen Lebenssinn zum lichtvollen Dasein.

17. Februar *Jehudiel*

Mit dieser Inkarnation hast du dir eine bestimmte Zeit vorgenommen, die sich mit jedem Tag erfüllt und vermindert. Wolltest du deine Zeit auf dieser Erde so nutzen, wie du es tust, oder etwas ganz anderes unternehmen, fühlen und machen? Nutze deine Zeit – du hast die Wahl und deinen Anspruch an dich selbst. Wie soll dein Leben verlaufen? Lebe es so!

18. Februar *Esrael*

Begreife, dass du in deinem göttlichen Wesen vollkommen bist. Nun willst du es nur noch bewusst wahrhaben. Vollkommenheit liegt im Vertrauen. Folgst du diesem Pfad, dann findest du deine göttliche Kraft. Vertraue in die Vollkommenheit des Seins.

19. Februar *Anafiel*

Die lichtvolle geistige Welt schaut immer wieder zur rechten Zeit deinen Lebensplan an und sagt: »Wo führt der Weg nun hin, den du eingeschlagen hast?« Gestalte deinen Plan immer mit vollkommener Stimmigkeit im Gefühl. Dann folgst du deinem wahren, erfühlten Lebensplan – geführt von der lichtvollen Hand auf deinem heiligen Lebenspfad.

. . . .

. . . .

. . . .

20. Februar *Zophiel*

Heute ist es besonders wichtig, nicht zu weit im Voraus zu suchen, sondern darauf zu achten, sich nicht zu verlieren. Halte inne in dem, was da ist und was jetzt werden soll. Lebe jetzt deine innere Fülle! Lieber stehen bleiben und in sich hineinhorchen als eilig verfehlte Schritte tun.

. . . .

. . . .

. . . .

21. Februar *Orifiel*

Jeder Mensch hat Engelbegegnungen. Nur kann sie heute nicht jeder verstehen. Mensch, öffne deine Himmelsaugen, denn du vermagst alles zu verstehen. Die Engel sprechen nicht ausgewählt zu einzelnen Menschen, sondern jeder Mensch wählt selbst, ob und wie er zuhören will. Denn der Mensch vermag alles zu verstehen! Liebe ist der Kontakt.

. . . .

. . . .

. . . .

22. Februar *Gasardiel*

Loslassen bedeutet nicht einen Verlust, sondern einen großen Gewinn. Lerne, den Moment zu genießen, und öffne dich in deinem Inneren für die tatsächliche Fülle! Lass die lichtvolle geistige Welt für dich und an dir wirken. Denn deine Liebe und Ruhe ist der wahre Gewinn für alle. Du kannst es! Immer und überall!

. . . .

. . . .

. . . .

23. Februar *Cassiel*

Heute ist ein wichtiger Tag, dir deiner Wünsche, Absichten und Ziele bewusst zu werden. Schreib sie dir auf. Zünde eine Kerze dafür an. Sei ganz und innigst in deinem Glauben und deiner Hingabe dabei. Du findest deine innere, geistige und deine äußere Fülle.

. . . .

. . . .

. . . .

24. Februar *Dina*

Lerne, dann zu geben, wenn andere es brauchen. So entsteht Raum für eine neue innere und äußere Fülle. Es gibt keinen Verlust in der Liebe. Hilf und diene. Das ist der Frieden, den du bringst. Lebe und fühle, was du für ein großes Licht bist.

. . . .

. . . .

. . . .

25. Februar *Barbiel*

Viele Menschen möchten dich unterstützen. Gib also gewisse Aufgaben ab und lass dir helfen. Vertraue darauf, dass sie es vielleicht etwas anders als du machen, jedoch genauso richtig. Denn durch dein Vertrauen wirken auch viele Engel mit. Öffne dein Herz und schenk allen eine willkommene Chance.

. . . .

. . . .

. . . .

26. Februar *Vretil*

Die Wege im Leben sind sehr vielfältig. Es gibt oft nicht nur einen richtigen Weg. Wichtig ist nur dein lichtvolles Ziel im Inneren! Handle aus Liebe zu dir und zu anderen – und die Wege finden sich. Dabei begreifst du den Lebenssinn.

. . . .

. . . .

. . . .

27. Februar *Kmiel*

Du hast unermessliche Lichtkraft, um dich zum Himmel zu strecken und dich aufzurichten. Vermagst du, sie zu spüren, zu sehen und zu nutzen? Der Lichtstrom, der dich durchfließt, ist der Sinn des Lebens, aus dem heraus du lichtvoll handelst und lebst. Du begreifst dich durch deine Demut.

. . . .

. . . .

. . . .

28. Februar — *Curaniel*

Deine Sensibilität ist des Lebens wert. Sie erfüllt dich mit Freude und dem nötigen Respekt. Sie ist der Führungspfeil zum richtigen Wirken, zum Mitgefühl und Dienen. Nutze deine Sinne. Es ist alles lebendig in dir. Du bist es wert!

29. Februar — *Merkabah*

Heute stellen dir die Engel einen hohen geistigen Führer zur Verfügung. Überleg dir, wohin dein Weg führt. Bitte die geistige Macht in deinem Gebet, deinen Weg so vorzubereiten, dass du deine Ziele erreichst. Hör in deine Intuition hinein und du wirst die nötige Richtung für die Erfüllung finden.

März

Erzengel Raphael

Achte in diesem Monat besonders auf deine Gesundheit.
Das betrifft alle drei Ebenen, also
die körperliche genauso
wie die geistige und seelische.
Strebe eine harmonische Ausgewogenheit
dieser drei Bereiche an. Geh mehr in die Natur
und atme tief durch.
Kreative Pausen sind in dieser Zeit für dich
genauso wichtig wie absolute Ruhephasen.
Ich bin neben dir und mit mir alle Gesundheits-
und Wohlfühlengel.
Wir helfen dir, deinen Alltag gesund
und ausgeglichen zu gestalten,
und tragen dich ein Stückchen,
wenn es dir nicht gut geht.

Öffne dich für unsere Energien!

1. März *Baruch*

Fang heute etwas ganz Neues an. Etwas, was du schon längst tun wolltest, ohne dass du es getan hast. Erlaube dir, es ganz bewusst und von Freude erfüllt zu gestalten. Erlebe es dann mit allen Sinnen und du wirst dich selbst neu gestalten.

2. März *Abdiel*

Gelassenheit ist heute eine wichtige Aufgabe. Dein Tag wird dich dies lehren. Beginne ihn bereits mit dieser Kraft und gestalte so das Schöne. Schönheit ist ein großer Schlüssel zum klaren und sinnerfüllten Leben. Daher: Gestalte deinen Tag!

3. März *Ramiel*

Dieser Tag ist ein Tag der Erkenntnis. Schenk dir Aufmerksamkeit und erkenne dein Licht. Hör deinem Herzklopfen zu und genieße es, in diesem Augenblick zu leben. Schätze das Leben mit seinen Ereignissen und Möglichkeiten. Schätze es, dich zu lieben!

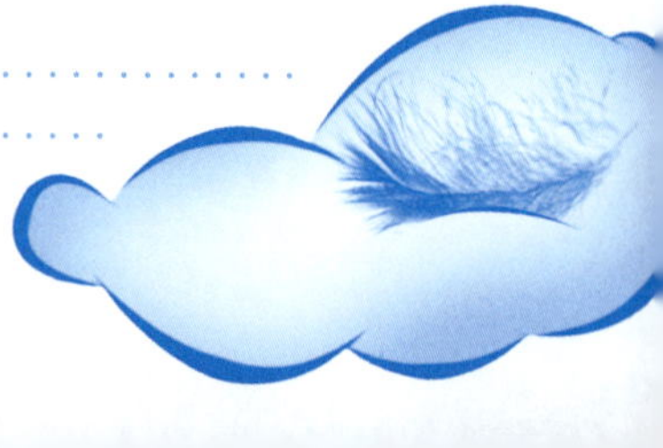

4. März *Jeremiel*

Dein Plan ist noch nicht vollständig. Halte heute inne und hör zu, was noch zu erfüllen ist, was es noch zu erfüllen gäbe. Es gibt genügend Dinge, an die du noch gar nicht denken konntest. Mach das Entscheidende und segne alles, auch das, woran du selbst nicht denken konntest. Mit liebevollem Segen kommst du zur Ruhe.

. . . .

. . . .

. . . .

5. März *Domiel*

Alle Menschen sind in gewisser Weise ein Teil von dir. Manche besonders stark, andere weniger. Alle sind jedoch wichtig. Atme in deinen Bauch hinein und spüre Liebe für dich und für jedermann im Lichte seines Inneren. Dann bist du stark!

. . . .

. . . .

. . . .

6. März *Cosmiel*

Wie strahlst du heute? Was für einen Ausdruck haben deine Augen? Wie froh ist dein Herz? Was für eine Antriebskraft haben deine Taten? Wie lebst du selbst? Genau dies erkennst du in anderen. Genau dies bist du selbst. Lächle und sei wachsam!

. . . .

. . . .

. . . .

7. März *Ariel*

Die Engel legen heute ein besonderes Geschenk in deine Hände. Spüre heute deine Stärke. Wo wächst du über dich hinaus in deiner Kraft? Bewahre dir dieses Geschenk, indem du es deine Wahrheit und Kraft werden lässt. Spüre sie, lerne sie kennen und nutze diese Kraft!

8. März *Zuriel*

Der Himmel schickt dir viele Blüten und Blumen. Er feiert deine Lieblichkeit und dein sonniges Gemüt. Gib auch du diesem schönen Tag etwas Feierliches und schöpfe Kraft daraus. Erlebe deine Begeisterungsfähigkeit und bring deinen Enthusiasmus mit dazu ein. Feiere dein Leben!

9. März *Nathanael*

In deinem Inneren brennt das ewige Licht wie ein sanftes Feuer. Das ist die Macht der Hoffnung, die dich lebendig sein lässt. Spüre: Du hast immer dein Bestes gegeben, was in dieser Zeit möglich war. Spüre deine Hoffnung und Liebe für dieses Leben und für alles, was noch möglich ist. Du lebst dein Leben! Liebe dich selbst!

10. März

Israfel

Klarheit ist heute angesagt. Klares Denken, klares Fühlen, klares Handeln sind eine große Kraft. Handle eindeutig und sicher! Klarheit ist deine Kraft. Erlebe diese Güte, vollziehe diese Tat!

. . . .

. . . .

. . . .

11. März

Dabriel

Du bist nie allein. Viele Menschen haben eine mitwirkende Aufgabe in deinem Leben. Werde dir dessen bewusst und nimm es dankbar an. So gewinnst du auch eine Beziehung zu den Aufgaben, in denen du gebend bist. Wir sind alle miteinander verbunden. Keiner ist allein. Sei bereit!

. . . .

. . . .

. . . .

12. März

Barachiel

Erledige erst einmal die Aufgaben, die vor dir zum Greifen nah sind. Danach erst siehst du die richtige Tür für einen nächsten Schritt und eine neue Herausforderung. Das Leben ist reich an Abwechslung. Tu, was zu tun ist, jetzt!

. . . .

. . . .

. . . .

13. März *Abuliel*

Die Wunder der Natur zu beobachten, ist heute eine wichtige Kraft. Wie sehen der Sonnenaufgang, der Sonnenuntergang, der Himmel und die Erde aus? Was für eine Aussagekraft haben diese Farben, Formen und Qualitäten auf dein Gemüt, auf deine Liebe und Kraft? Sei eins mit der Natur. Werde eine Einheit mit dem Sein.

14. März *Kemuel*

Die Engel haben schon sehr oft zu dir gesprochen. Lass dir durch deinen ruhigen Atem und dein herzliches Lächeln ihre Aussagen ins Bewusstsein kommen. Fühle diese Kraft, spüre deinen Dialog und die Führung durch die lichtvollen Welten!

15. März *Suriel*

Alles, was den Gesetzen der Zeit unterliegt, ist vergänglich. Alles, was der schöpferischen Liebeskraft obliegt, ist ewig. Finde deinen ewigen Fluss! Lebe deine ewige Kraft! Lass alles Vergängliche los und lebe ewig und frei!

16. März — *Jehudiel*

Das Gleichgewicht im Leben ist wichtig. So wie es Tag und Nacht gibt, Spannung und Entspannung, Fülle und Leere, so sollte alles im Gleichgewicht sein. Lebe deine Balance in deiner Liebe! So ist dein Leben stark.

. . . .

. . . .

. . . .

17. März — *Esrael*

Ein geistiger Impuls fällt heute vom Himmel auf dich herunter. Empfange ihn und sei wach. Lass diesen Keim in dir landen und gedeihen. Lass diese Idee, diesen Glauben Früchte tragen. Was ist deine gute Tat, die dich bereit macht, immer das Licht zu empfangen?

. . . .

. . . .

. . . .

18. März — *Anafiel*

Beobachte dein Mitgefühl. Kannst du dich an kleinen Dingen genauso erfreuen wie an großen? Weißt du den Wert und die Schönheit von allem zu schätzen und zu lieben? Diese Fragen zeigen dir, wie du mit dir umgehst und mit deiner Liebe. Sei gütig zu dir und zu allen!

. . . .

. . . .

. . . .

19. März *Zophiel*

Du hast alle Hilfe und allen Schutz dieser Welt. Die Engel reichen dir ihre Hände. Lass diese Kraft Früchte tragen, bring sie in die Welt und offenbare auch anderen Menschen die lichtvolle geistige Welt. Lass dich vom Licht tragen.

20. März *Orifiel*

Ein Blick in die Zukunft öffnet dir heute neue Tore. Was wünschst du dir wirklich? Denn nur dies kann sich im göttlichen Plan auch vollziehen. Beobachte deine Zukunft, denn du lebst sie! Was willst du wirklich?

21. März *Gasardiel*

Das Gebet ist immer eine große Hilfe. Welches Gebet brauchst du heute? Lass dir helfen. Sei dir sicher: Die Kraft der Liebe wird dich immer richtig führen. Verbinde dich damit – mit deiner Liebe. Spürst du sie in dir? Dann bete und es wird dir geholfen.

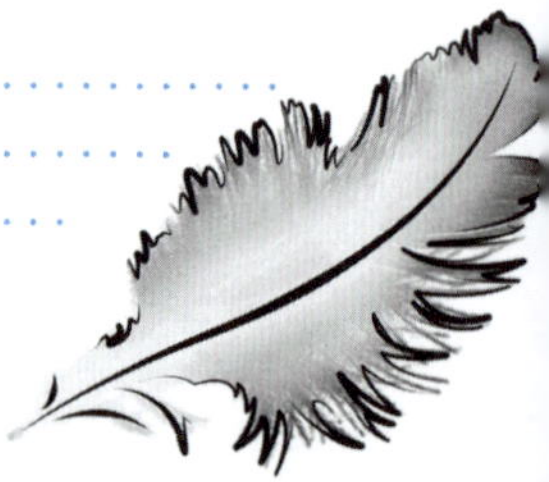

22. März *Cassiel*

Welche Gabe, welchen Dienst kannst du der Welt heute geben? Beginne bei deinen Mitmenschen und: Liebe dich selbst. Welche Kraft darf heute in deinen Händen überwiegen? Gib viel davon weiter und wachse in deiner Liebe selbst!

. . . .

. . . .

. . . .

23. März *Dina*

Die lichtvolle geistige Welt möchte dir eine lichtvolle Aufgabe übergeben, der du jetzt gewachsen bist. Du kannst sehr viel Gutes tun. Nutze deine Kraft. Hör in der Stille deines Inneren, was du gerade heute tun solltest. Hab Vertrauen, lass dich auf den Tag ein – und dann tust du es schon. Das Leben zeigt es dir schon rechtzeitig.

. . . .

. . . .

. . . .

24. März *Barbiel*

Dein lichtvolles Ziel ist nicht erst in der Zukunft zu finden, sondern in deiner bewussten Gegenwart: jetzt! Greif nicht nach den Sternen, sondern ergreif die Aufgaben jetzt und hier! Es gibt immer etwas Erfreuliches zu tun. Lebe jetzt und hier! Das ist der geistige Sinn.

. . . .

. . . .

. . . .

25. März *Vretil*

Das Wesentliche im Leben ist immer in dir! Dein Leben, dein Erleben, dein Sein und dein Tun. Zeig dich dir selbst! Wie erlebst du diesen Augenblick? Wie erlebst du dich? Wie stehst du zum Leben in dir? Deine Offenheit dafür ist der wesentliche Sinn.

. . . .

. . . .

. . . .

26. März *Kmiel*

Du kannst für dich selbst vieles tun. Das war schon immer so, das ist jetzt so, das wird so sein! Dein Potenzial ist im göttlichen Sein nie ausschöpfbar. Öffne die Tür dorthin, durch eine wahre Liebe. Eine Liebe, die in dir unerschütterlich und stark ist. Für dein jetziges Dasein hier.

. . . .

. . . .

. . . .

27. März *Curaniel*

Du bist mit einer göttlichen Aufgabe gesegnet. Trage diese in voller Würde. Trage sie weit, aufgerichtet und sicher. Der Segen leuchtet immer auf dich herunter und wird dir offenbart. Die Lehre des Lebens ist in dir. Lebe und wirke in deiner unerschütterlichen Liebeskraft!

. . . .

. . . .

. . . .

28. März ***Merkabah***

Bei all deinen Wünschen beachte, wofür du wirklich bereit bist und welchen Dingen du wirklich gewachsen bist. Die nötige Reife braucht manchmal ihre Zeit. Gedulde dich und sei jetzt bereits glücklich! Alles zur richtigen Zeit.

. . . .

. . . .

. . . .

29. März ***Domiel***

Nur das, was du wirklich mit allen Sinnen und aus tiefstem Herzen erlebt hast, kannst du vertreten. Nur das, was du lieben gelernt hast, kannst du lehren. Also achte darauf, was du sagst. Nur das Wahre ist überzeugend, weil es helfend dient. Das ist wahres Dienen außerhalb des Egos.

. . . .

. . . .

. . . .

30. März ***Ramiel***

Ein Schritt nach dem anderen führt zum Ziel, weil es einen guten, stabilen Weg entstehen lässt. Das ist das wirkliche Ziel, die Behutsamkeit beim Gestalten des eigenen Ziels und des Weges. Was ist dein Weg? Finde dein Ziel in jedem Schritt.

. . . .

. . . .

. . . .

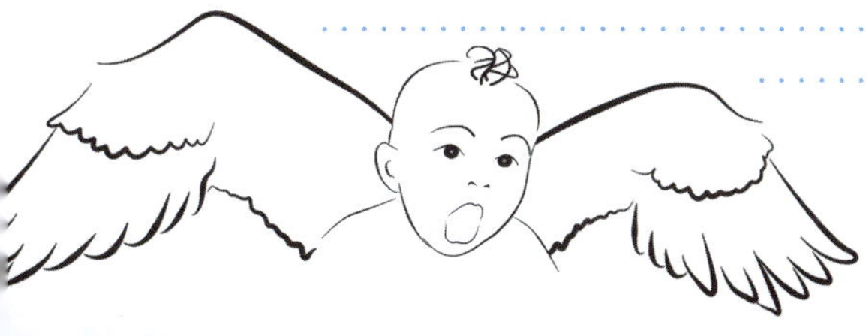

31. März *Jeremiel*

Du hast schon viel geleistet und erlebt. Also miss dich nicht an dem, was du noch erreichen möchtest oder solltest. Es gehört zum Leben einfach dazu, dass Weiteres folgen wird. Suche die Freude und die Balance im Geleisteten und feiere dies auch! Das Leben hat es verdient.

. . . .

. . . .

. . . .

April

Erzengel Uriel

Die Natur ist das große Thema in diesem Monat
und du darfst nun alle deine Sinne
für das großartige Schauspiel
des nahenden Frühlings öffnen.
Genieße diese wunderbaren Energien
und Ereignisse in der Natur mit all den Möglichkeiten,
die dir zur Verfügung stehen.
Nimm auch wieder ein paar kleine Naturgeister wahr
und spüre ihre liebevolle Anwesenheit.
Geh hinaus und lass alles abfließen,
was du vom Winter noch an Blockaden und Belastungen
in und an dir hast.
Verbinde dich mit Mutter Erde und achte auf jedes
noch so kleine Lebewesen.

Umarme und liebe dich!

1. April *Abdiel*

Auf dem Weg des Loslassens lass mutig alles hinter dir, was du nicht mehr brauchst. Räum zum Beispiel in deinem Zimmer, in deinen Schubladen, in deinen Ordnern und so weiter auf. Mach keine Pflichtanrufe oder -besuche mehr, sondern segne alles und lass los. Alles möge an seinen richtigen Platz gehen, runter von deinen Schultern. Die Engel fangen schon alles auf, was wichtig wäre.

2. April *Ramiel*

Du kannst nicht anderen Freude, Leichtigkeit und Entlastung bringen, wenn du sie im gleichen Augenblick nicht selbst lebst. Kümmere dich also jeden Tag aufs Neue um dich. Dann hast du die Leichtigkeit und Muße, die du auch zu anderen bringen kannst.

3. April *Jeremiel*

Du brauchst niemandem zu vergeben außer dir selbst, um in die göttliche Ordnung zurückzukehren. Das ist dein Dienst! Strebe genau danach. Wenn du dir vergibst, hilfst du auch anderen, sich selbst zu vergeben. Du löst den Knoten des Leidens. Die Engel lieben dich. Tu dies ebenso.

4. April *Domiel*

Das Leben bietet dir viele Möglichkeiten der Selbstentfaltung und des Findens der richtigen Lösung. Öffne deine Augen für dich selbst und du findest die wahren Wege zum Ziel. Alles dient deinem Weg. Nutze dies! Alles ist da.

....

....

....

5. April *Cosmiel*

Entspannung ist genauso wichtig wie Anspannung. Ohne sie verläuft kein Weg. Was ist heute für dich dran? Finde deine Muße. Lass dich vom inneren Kompass des Gefühls führen. Jetzt!

....

....

....

6. April *Ariel*

Das Leben macht erst dann wirklich Spaß, wenn du dich vom Lebensfluss leiten lässt und nicht gegen ihn wirkst. Jegliche Stauungen, innere wie auch äußere, spiegeln den mangelnden Lichtfluss in dir wider. Setz an deiner inneren Quelle an, am Gefühl, das zu tun, was du wirklich willst. Dann bist du in deinem Fluss.

....

....

....

7. April — *Zuriel*

Jeder Tag ist es wert, erlebt und gelebt zu werden. Alles führt dich zum Weg ins Licht. Was ist dein heutiges Erleben, das es dir ganz bewusst wert ist, gelebt zu werden? Nutze es. Erlebe den Augenblick.

8. April — *Nathanael*

Die Engel schicken dir auf allen möglichen Wegen und Umwegen die nötige Hilfe. Vor allem Menschen können dir auf vielfältigste Weise helfen. Sei für Überraschungen offen und freu dich auf die Hilfe, denn du stehst auch im Dienste des Lichts.

9. April — *Israfel*

Es gibt immer Gründe, seinen Horizont zu erweitern und auf Wellen des Glücks zu reiten. Gib nicht auf! Steh wieder auf und ergreif eine weitere Möglichkeit. Gib niemals auf! Das Leben ist voller Möglichkeiten. Es gibt immer wieder neue.

10. April *Dabriel*

Es ist wichtig, dass du dir klarmachst, dass in deinem Inneren bereits jetzt eine unbeschreibliche Fülle, ein großer Reichtum auf allen Ebenen vorhanden ist. Schöpfe daraus, dann wirst du den richtigen Keim säen, sodass daraus auch im Außen Fülle, Schönheit und Reichtum blühen.

. . . .

. . . .

. . . .

11. April *Barachiel*

Es gibt geistige Begegnungen und Erlebnisse, die noch so fein, zart und zerbrechlich in dir sind, dass du sie erst mal wirken lassen sollst, statt sie zu zerreden. Rede aus vollem Herzen nur über etwas, worüber du dir hundertprozentig sicher bist und was du auch vertreten kannst. Erinnere dich: »Reden ist Silber, Schweigen ist Gold.«

. . . .

. . . .

. . . .

12. April *Abuliel*

Jeder Mensch befindet sich auf seiner spirituellen Suche, bewusst oder auch unbewusst, weil jeder ein geistiges Wesen ist. Jeder muss seinen Teil der Wahrheit erfassen, um in seiner eigenen Individualität zum Wesenskern der göttlichen Liebe zu finden. Verurteile nichts und niemanden, sondern folge deinem Weg!

. . . .

. . . .

. . . .

13. April — *Kemuel*

Die innere Pflege muss der äußeren entsprechen, denn diese gestaltet dein Leben und deinen Weg zum Licht. Lass dich vom inneren Licht auch im Außen führen, so erkennst du dich selbst wie auch die wahren Freunde.

14. April — *Suriel*

Das Leben besteht aus Geben und Nehmen. Das ist das Miteinander. Beides ist gleichwertig wichtig, um die eigene Wertigkeit und die des anderen zu würdigen. Streck deine Hand zum anderen aus und nimm auch die seine!

15. April — *Jehudiel*

Ruhe ist die Kraft des Schöpfens. Achte heute sowohl auf die innere als auch auf die äußere Ruhe. Welche Botschaft, welchen Impuls, welche Form von Kreativität möchte diese Kraft dir heute vermitteln? Ruhe heute in deiner Kraft!

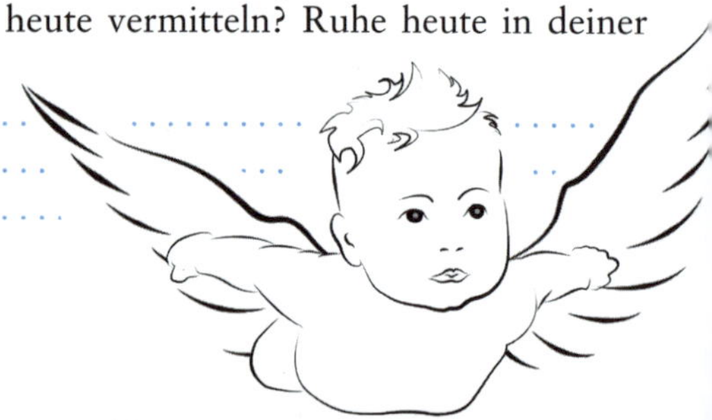

16. April *Esrael*

Nicht alles ist Gold, was glänzt. Für alles andere gilt das ebenso. Das genaue Hinschauen auf Dinge, Menschen und Begegnungen reicht allein nicht. Daher spüre und schau: Was erfüllt dich mit Vertrauen? Welche Begegnung, welcher Mensch oder Gegenstand? Das gibt dir dann die tatsächliche, langfristige Kraft.

. . . .

. . . .

. . . .

17. April *Anafiel*

Betrachte dich als einen Schüler in diesen Welten. Schau, fühle und lerne, ohne vorlaut zu sein. Sprich aus tiefstem, von Vertrauen, Liebe und Sicherheit erfülltem Gefühl. Das hilft den Menschen. Dies zu tun, ist die wahre Lehre.

. . . .

. . . .

. . . .

18. April *Zophiel*

Die Engel lernen von deiner Spontaneität und Entscheidungskraft. Lerne auch du von den Engeln: Vertrauen, Kreativität und Glauben. Nutze deinen freien Willen zu einer produktiven Tat. Nutze deine Kraft zum friedvollen Sein.

. . . .

. . . .

. . . .

19. April *Orifiel*

Die Welt ist so groß und uneinschränkbar in ihrer Fülle und Größe, dass du dir sicher sein kannst, nichts auszulöschen. Die göttliche Fülle in ihrem Universum erschafft alles Licht der Welt im Dienste des höheren Guten. Vertraue und folge diesem Weg im Glauben an das Gute!

. . . .

. . . .

. . . .

20. April *Gasardiel*

Die Engel wollen dir bei deiner allgöttlichen Verbindung helfen und dich dabei unterstützen, in deiner Liebe immer lichtdurchlässiger zu werden. Begünstige dies, durch ein vom Glauben an das Gute erfülltes Denken, Fühlen und Handeln. Lebe deinen Glauben an das Gute aus!

. . . .

. . . .

. . . .

21. April *Cassiel*

Die Engel wollen dir heute über deine Intuition ein Geschenk des Himmels überreichen. Was brauchst du heute? Einen Neubeginn, eine Chance, eine stabile Basis? Finde deine wahre Antwort in deiner Intuition und wisse das Geschenk zu empfangen.

. . . .

. . . .

. . . .

22. April *Dina*

Der beste Antrieb zum Höheren in einem Menschen ist die Liebe. Ihre Vollkommenheit erlebt man, wenn man mit sich selbst verbunden ist. Denn wenn man in seiner Selbstliebe ist, so kann man die Verantwortung für sein Tun übernehmen und alles noch lichtvoller machen.

. . . .

. . . .

. . . .

23. April *Barbiel*

Die Vögel zwitschern dir heute Neuigkeiten vor. Die Tiere leben sie dir vor. Die Menschen gehen ihren Aufgaben nach. Und wie entscheidest du dich, inneren Impulsen nachzugehen? Gelassen wie ein Tier? Voller Leichtigkeit wie ein Vogel? Oder anders?

. . . .

. . . .

. . . .

24. April *Vretil*

Du bist mit einem Urimpuls geboren, den man auch Urvertrauen nennt. Klopft dein Herz heute noch im Einklang mit diesem Urvertrauen? Wenn nicht, dann korrigiere es und brich zu einer neuen Reise in ein neues Land auf. Das ist die Kraft deiner wahren Natur!

. . . .

. . . .

. . . .

25. April *Kmiel*

Du hast Beine, Arme und Gehirn. Nutze diese in all dem, wofür sie nötig sind. Die grobstoffliche Welt steht dabei im Vordergrund. Du hast aber auch Tatkraft, Gefühl und Geist. Nutze sie ebenso in all dem, wofür sie nötig sind. Hier steht das Feinstoffliche im Vordergrund. Die Verbindung der beiden Kräfte ist eine wahre Tat. So schaffst du das göttliche Wesentliche in deiner Kraft.

. . . .

. . . .

. . . .

26. April *Curaniel*

Man muss auch mal eine Pause einlegen, seine Füße einfach ausruhen, die Schuhe stehen lassen und nicht immerzu rennen. Man muss auch über sich nachdenken und darüber, was man wirklich tun mag. Erst dann wirst du wissen, welche Richtung richtig ist für den Weg und die Tat, die jetzt anstehen.

. . . .

. . . .

. . . .

27. April *Merkabah*

In dir ist das Korn des Lebens eingepflanzt. Mit jedem Atemzug schöpfst du aus dem Leben. Sei dir des Geschenkes bewusst, sei dir im Klaren, was das Leben alles für dich tut, denn es hätte auch alles anders werden können. Aber es ist genauso, wie du es brauchst, um wirklich weiterzukommen.

. . . .

. . . .

. . . .

28. April — *Cosmiel*

Die Engel senden ihr Licht in viele dafür empfängliche Menschen. Lerne von ihrer Wärme, denn sie ist eine Aufgabe für dich. Empfange das Licht und die Wärme. Werde zum Träger des Lichts und zu seiner Wärme. Sei ein göttliches Licht!

29. April — *Ariel*

Hilf, wenn du um Hilfe gebeten wirst. Nimm an, wenn Hilfe für dich notwendig ist. Nimm dich zurück, wenn du oder andere dies brauchen. Sei ein Ruhepol für dich und andere. Das Leben lebt dich ganz von selbst.

30. April — *Zuriel*

Es gibt viele, viele geistige und auch irdische Bücher, aus denen du viel lernen kannst. Schlag eine beliebige Seite auf und schau nach, was du jetzt lernen kannst. Die Wunder und Überraschungen hören nie auf. Sei immer jung und bereit, mehr zu lernen!

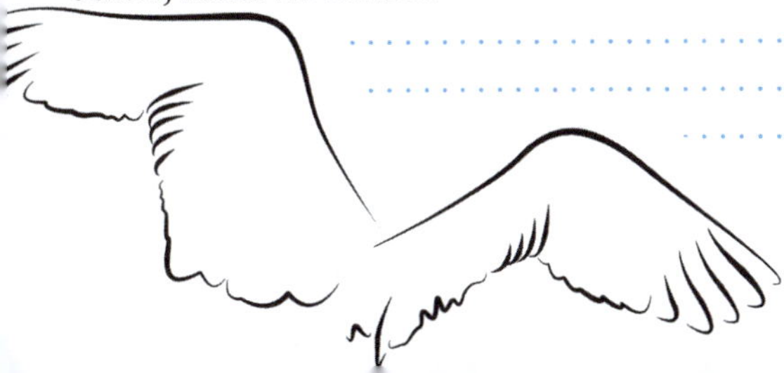

Mai

Erzengel Jophiel

Ich bin dafür zuständig, dir zu zeigen,
wie du zu mehr Glück und Zufriedenheit findest
und deinen Alltag strahlender und heller machen kannst.
Dabei tauchen auch ein paar Themen auf,
die in diesem Monat auf dich warten und dich wieder
ein Stückchen weiterbringen auf deinem Lebensweg.
Mit mir kannst du strahlende Auftritte
und wunderbare Begegnungen erleben, wenn du es zulässt.
Dein Schutzengel arbeitet mit mir Hand in Hand,
und gemeinsam schaffen wir es immer wieder,
dich zu überraschen und ein Lächeln
in dein Gesicht zu zaubern.

Gemeinsam mit dir sind wir ein starkes Team!

1. Mai *Ramiel*

Der Himmel feiert das Universum. Tanze auch du in deinem Leben! Schöpfe aus aller Schönheit und Freude Kraft. Sei diese Freude im Tanz. Feiere diesen Tag wie einen Neubeginn deines Lebens.

. . . .

. . . .

. . . .

2. Mai *Jeremiel*

Bedenke, dass alles, was du machst, nicht nur deinem eigenen Heil oder Unheil dient, sondern auch dem der anderen Menschen. Hast du genug Liebe in dir, um Unheil zu vermeiden? Sei behutsam mit dem Leben und den Gefühlen der Menschen, die dich umgeben. Denn sie lieben dich grenzenlos, auch wenn du dies vielleicht nicht immer sehen kannst.

. . . .

. . . .

. . . .

3. Mai *Domiel*

Viele tiefgründige Schichten deines Inneren liegen noch brach. Werde ein enthusiastischer Abenteurer und ergründe sie in voller Kraft. Denn diese Ebenen deines »Ichs« wollen gesehen, gefühlt und gelebt werden. Also beleuchte sie! Durchflute sie mit göttlichem Segen!

. . . .

. . . .

. . . .

4. Mai

Cosmiel

Heute ist ein Tag, an dem du dir deines Potenzials bewusst werden kannst. Was sind deine Stärken und bereits durchlebten Taten? Was sind die Eigenschaften, die es in dir noch zu veredeln gibt? Stell sie einander gegenüber und erkenne, wie stark du wirklich bist. Gib nicht auf, sondern fang jetzt erst richtig an. Die Kraft liegt in dir!

5. Mai

Ariel

Ein ausgewogenes Verhältnis zwischen Arbeit und Leichtigkeit erdet. Liebe deine Aufgaben und genieße deine Freizeit. Erlebe dich im Wirken und im Sein. Lebe deine Engelsaufgabe!

6. Mai

Zuriel

Der Weg der Unendlichkeit im Symbol der lichtvollen Lemniskate ermöglicht immer die Erfüllung der Aufgaben im Sinne dieses Flusses. Kein Kampf der Welt ist wirklich nötig für das Erlangen von Freiheit in sich selbst. Hör einfach auf dein Gefühl, auf die innere Stimme des Lichts und vollziehe in Stimmigkeit und aller Ruhe das, was du brauchst. Sei im Frieden mit dir selbst!

7. Mai *Nathanael*

Die Poesie ist ein Leitfaden des Lebens. Spiele dein Leben wie eine Symphonie! Wie ist sein Grundton? Lieblich, stark oder streng? Korrigiere ihn jetzt, wenn es nötig ist, denn du selbst spielst ja deine Musik!

. . . .

. . . .

. . . .

8. Mai *Israfel*

Alle irdische wie auch alle geistige Nahrung, die du brauchst, stellt dir das Leben zur Verfügung. Teile sie dir ein, nutze sie sinnvoll. Welchen Anteil an Wissen brauchst du heute? Was ist dein Anliegen und was deine Tat? Nimm dir das, was du heute brauchst, wie es sich in deinem Inneren offenbart.

. . . .

. . . .

. . . .

9. Mai *Dabriel*

Der Segen liegt über dir. Hörst du die Melodie der Liebe? Ist dein Herzenslächeln, ist deine Geistesabsicht offen dafür? Spüre die Melodie des Lebens. Der Himmel ist bei dir. Singe das Lied deines Lebens dem Himmel über dir.

. . . .

. . . .

. . . .

10. Mai *Barachiel*

Alle Waffen nützen nichts im Einsatz für den göttlichen Frieden. Leg dein Kämpfen ab, leg Zweifel beiseite, senke deine Faust und sei im Frieden! So kommst du ans Ziel: als ein Kämpfer des Friedens im Licht in dir selbst.

11. Mai *Abuliel*

Sei dir sicher, dass all dein Bemühen seine Früchte tragen wird. Lebe diesen Zweck. Zum richtigen Zeitpunkt leg die Arbeit nieder und lass das Licht in dir wirken. Erlebe den Zweck!

12. Mai *Kemuel*

Alles um dich erwacht. Die Erde atmet anders, der Himmel erstrahlt im neuen Glanz. Alles lächelt dich an, weil du ein wichtiger Teil der Schöpfung bist. Atme diese Begeisterungsfähigkeit. Liebe und lebe diese Kraft.

13. Mai *Suriel*

Pflück die Blumen deiner Gaben, ernte die Früchte deiner Tat. Genieße die Sonne auf deiner Haut. Nimm die Welt und das Leben mit allen deinen Sinnen wahr. Sie sind für dich da! Ganz und gar!

14. Mai *Jehudiel*

Wer sucht, der findet. Grabe weiter nach Schätzen von Eigenschaften wie Offenheit, Ehrgeiz und Kraft. Irgendwann hast du sie gefunden – immer dann, wenn du nach innen schaust. Denn sie sind alle dort zu finden, wo sie hingehören: in dir, für dich selbst!

15. Mai *Esrael*

Deine vollkommene Präsenz in allem und für jeden ist heute unheimlich wichtig. Wie ein Adler würdevoll aus den Höhen der Berge aufs Land schaut, beobachte auch du die Umgebung und dein Dasein. Sei ein Wächter der inneren Stille und Aufmerksamkeit!

16. Mai *Anafiel*

Lerne um deinetwillen. Lerne von allem und jedem, was dir begegnet. Spüre deinen inneren Impuls in allem, was dir begegnet, und du findest deine Wahrheit in allem, was ist. Alles in deinem Leben dient diesem Zweck. Lebe und lerne in dem, was da ist.

. . . .

. . . .

. . . .

17. Mai *Zophiel*

Was ist deine Definition von Schönheit? Was macht deine Ausstrahlung aus? Wo ist deine Überzeugungskraft? Finde und lebe sie – sowohl beruflich als auch privat. Dies ist die Antriebskraft für dein persönliches Wachstum und deine Ausstrahlungsfähigkeit.

. . . .

. . . .

. . . .

18. Mai *Orifiel*

Der Himmel bereitet liebevoll bestimmte Prüfungen für dich vor, um dir dabei zu helfen, etwas Wesentliches festzustellen. Wie reif bist du wirklich für deine Aufgaben? Denn du sollst dich nicht übernehmen. Geh behutsam mit dir um, um nach und nach deinen Traum, deine geistige Wahrheit zu leben.

. . . .

. . . .

. . . .

19. Mai *Gasardiel*

Meditation ist die innere Heimkehr. Gestalte diese Augenblicke heute besonders schön. Mach auch den äußeren Rahmen, dein Zimmer duftend, gemütlich und im Kerzenschein hell. Geh in die innere Ruhe, in das innere Heim. Lebe deinen Innenraum in diesem Augenblick und trage diese Ruhe und Kraft in deinen Alltag hinein.

20. Mai *Cassiel*

Die ausschlaggebende Partnerschaft im Leben ist die Partnerschaft zu sich selbst. Lass Liebe und Vertrauen in dir regieren. Denn du ziehst immer Menschen an, die dir ähneln. Heile deine Beziehungen also bereits in dir selbst und hab Freude dabei, zu lieben!

21. Mai *Dina*

Mach dich auf zu neuen Reisen, zu neuen Zielen. Sei für die Entdeckungen offen und startklar. Was ist dein nächstes Ziel, dein heutiger Plan? Was ist heute angesagt? Verwirkliche heute deine kleine, große Reise. Warte nicht, sondern handle!

2. Mai — *Barbiel*

Wie fühlt es sich an, wenn du deine Hand in die eines anderen legen kannst? Wie spürst du deine Hand? Wie angenehm empfindest du die andere? Lass dich darauf ein und erlaube deinem Herzen, für dich offen zu sein. Dann ist dein Herz gleichzeitig offen für den anderen, ohne sich im anderen zu verlieren. Die Liebe heilt!

. . . .

. . . .

. . . .

23. Mai — *Vretil*

Der Kampf mit Vergangenheit, Gegenwart und Zukunft führt zu keinem Gewinn und keinem Frieden. Akzeptiere und respektiere das, was da ist, und ändere jene Dinge im Außen, die änderbar sind. Ansonsten ändere sie in dir! Gestalte dein jetziges Leben ohne Furcht vor dem Alten, vor dem Bestehenden oder vor dem Zukünftigen! Jetzt!

. . . .

. . . .

. . . .

24. Mai — *Kmiel*

Menschen, die dich schätzen und lieben, sind der wahre Reichtum. Genieße ihre Liebe und schenk auch deine an sie zurück! Du bist immer ein Teil der Gemeinschaft – welcher Gemeinschaft, das liegt in deiner Hand!

. . . .

. . . .

. . . .

25. Mai ***Curaniel***

Mach keine starren Pläne, sondern lass immer genug Freiraum für flexible Bewegungen. Starrheit kommt aus der Quelle der Angst. Flexibilität kommt aus der Quelle der Liebe. Hab Freude in der inneren und äußeren Bewegung. Hab Freude in dir!

26. Mai ***Merkabah***

Geh nicht zu hart mit dir ins Gericht. So wie du bist, bist du heute richtig und wichtig. Sei dir sicher in deiner geistigen Führung und wisse, dass du rechtzeitig und stimmig geführt und geleitet wirst. Denk eher: Was ist mir heute wichtig? Und besinne dich auf jenen Augenblick. Denn der ist wirklich wichtig!

27. Mai ***Dabriel***

Empfange das geistige Licht des Himmels in deinem Licht im Inneren. Lass es zu dir fließen und sich ausweiten, wo auch immer es gebraucht wird. Überall lass es fließen! Dies ist das wahre Heil, deine wahre Heilkraft. Atme ruhig und lass die Heilkraft fließen!

28. Mai *Barachiel*

Der Weg zum Loslassen führt oft über das Verstehen. Hast du alles verstanden, um zu vergeben? So übergib es dem Segenslicht der Engel. Sie mögen sich um den Rest kümmern. Und du lebe dein wahres Licht, verursache Liebe und lass sie wirken.

29. Mai *Abuliel*

Beobachte die stürmischen Wellen des Wassers. Du weißt, dass nach dem Sturm auch dies vorbei ist. Warum sollte sich das ändern? Bald kannst du das sanfte Streicheln der Wellen genießen und bewundern. Denn alles ist einmal vorüber – außer dem Moment der Gegenwart, außer der Fülle des gegenwärtigen Seins.

30. Mai *Kemuel*

Menschen dürfen Vorbilder sein und Vorbilder haben. Lernt voneinander, denn ihr erkennt im anderen genau das, was in euch verankert ist. Holt diesen Schatz aus Liebe an die Oberfläche, ins Sichtbare in eurem Bewusstsein, und lebt.

31. Mai

Suriel

Mach nicht unmittelbar »zu«, nur weil du etwas nicht verstehst. Nutze erst einmal die Gelegenheit für eine Erkenntnis aus einer neuen Begegnung. Frag nach: Was? Warum? Wie? Erspüre deine Wahrheit und nimm jenen Teil an, der für dich lichtvoll ist. Eine neue Erkenntnis.

Juni

Erzengel Chamuel

Über diesem Monat steht das Thema Liebe.
Und damit ist die selbstlose und übergeordnete Liebe gemeint,
die nichts erwartet und auch nicht an persönliche Wünsche
oder Voraussetzungen gebunden ist.
Fang bei dir selbst an und umarme dich,
nimm dich an mit all deinen Vorzügen und »Fehlern« oder
Irrtümern und geh dir gegenüber in eine liebevolle Energie.
Das ist wichtig, um in der Folge
auch andere Menschen annehmen und lieben zu können.
Ein wichtiges und schönes Programm,
das von mir aktiv und kraftvoll unterstützt wird.

Denn ich bin bei dir.

1. Juni *Jeremiel*

Helfen ist die Voraussetzung für das Miteinander. Hilf und auch dir wird geholfen. Wenn du um Hilfe gebeten wirst, lehne nicht leichtsinnig ab, aber spüre, wie viel der andere anzunehmen vermag. Was ist die richtige Basis für eure Beziehung? Hilf dem anderen und dabei auch dir selbst!

2. Juni *Domiel*

Viele Wege führen zum Ziel. Viele Möglichkeiten offenbaren sich dir. Erspüre zumindest eine davon und nimm die helfende Kraft an. Überleg erst dann, was dein nächstes Ziel ist, wenn du das vorherige Ziel erreicht und die bisherige Aufgabe erledigt hast. So entlastest du dich selbst.

3. Juni *Cosmiel*

Die Sprache der Liebe kennt keine Begrenzungen. Bleib in dir und sei offen in deiner Güte für die Begegnung mit den anderen. Dein Gespür heilt die Beziehung zu dir und zu anderen. Empfinde, was dich frei macht, und folge dem!

4. Juni *Ariel*

Die Engel stellen uns manchmal Aufgaben, die für einen Menschen allein nicht zu bewältigen sind. Nimm dir also nicht zu viel vor, sondern spüre, was ein anderer beitragen kann. Wer kann dir die Unterstützung bieten, die du brauchst? Nutze zugleich dein eigenes ganzes Potenzial, um die Aufgabe zu bewältigen.

. . . .

. . . .

. . . .

5. Juni *Zuriel*

Ein Gespräch mit der lichten Sphäre kann man intellektuell nicht erzwingen. Denn es ist eine himmlische Gnade, die kommt, wenn du ruhig, offen und rein bist in deiner Absicht und deiner Seele. Sei aufmerksam, lausche auf die Stille in deinem Herzen und dann … wer weiß? Dann mag sich der Dialog mit den göttlichen Sphären einstellen.

. . . .

. . . .

. . . .

6. Juni *Nathanael*

Das, was dich vollkommen macht, sind dein Glaube und dein Bemühen um das Gute. Orientiere dich daran und miss dich an diesem Licht. Dann ist der Frieden da, denn du tust das Gute. Lass dich nicht von anderen Dingen beirren, sondern konzentriere dich auf dein Herzenslicht!

. . . .

. . . .

. . . .

7. Juni *Israfel*

Es gibt viele wunderbare Aufgaben, durch die du dich immer mehr erkennen kannst. Hab Freude an diesen Aufgaben, denn dein Wachstum entsteht daraus. Wachse, wachse zu höheren Lichtsphären der Freude und Glückseligkeit! Nutze deine Chance!

. . . .

. . . .

. . . .

8. Juni *Dabriel*

Erneuerung ist immer angesagt. Lass auch in deinem Geist immer frischen Wind wehen. Sei bereit für die neuen Horizonte (auch wenn sie vielleicht »alt« wirken). Die Engel bieten dir viele Entwicklungsmöglichkeiten an. Bau auf echtem Wissen auf!

. . . .

. . . .

. . . .

9. Juni *Barachiel*

Studiere interessante Dinge. Das Lernen geht nie zu Ende. Finde neue Herzensmöglichkeiten zur Erweiterung deines Seins. Schau und lerne! Das geht nie vorbei. Hier lernst du von Menschen, dort von den Engeln. Überall gibt es großartige Lehrer.

. . . .

. . . .

. . . .

10. Juni *Abuliel*

Wonach ist dir heute? Wovon träumst du? Wodurch springt dein Herz freudig in die Höhe? Erfinde deinen Tag und lebe ihn! Erlebe jede noch so kleine Möglichkeit! Der Tag ist für dich bereit. Sei du es auch.

11. Juni *Kemuel*

Was sind deine Pläne für die Zukunft? Beschreib sie dir und stell fest, ob es wirklich Herzenspläne sind. Denn nur die wahren Träume gehen in Erfüllung, alles andere ist Energieverschwendung. Lebe deine wahren Träume – das wünschen dir die Engel auch heute.

12. Juni *Suriel*

Das Leben ist der beste Lehrer, den es gibt. Sei ein fleißiger Schüler. Die ganze Farbenpracht und alle Möglichkeiten stehen dir zur Verfügung. Sei ein kompetenter Schüler und nutze die Möglichkeiten, die dir das Leben bietet!

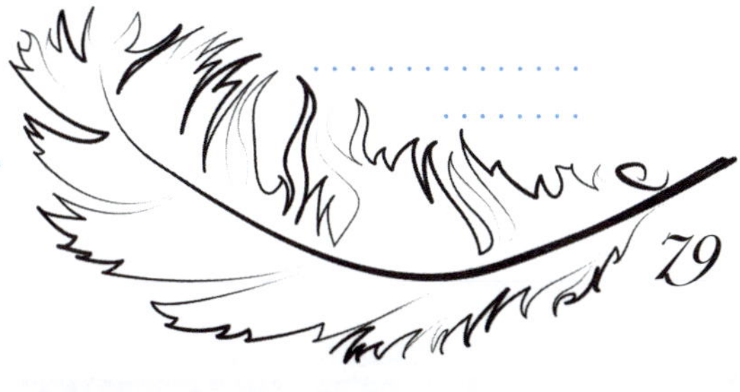

13. Juni *Jehudiel*

Halte innerlich Konferenz mit deinen Gefühlen ab. Was ist in diesem Leben für dich stimmig und was ist es nicht? Du musst im Leben nichts hinnehmen, was dir widerstrebt. Überprüfe alles durch deine innere Liebe, und wenn etwas nicht mehr stimmt: Ändere es oder lass es los.

14. Juni *Esrael*

Dein lichtvoller geistiger Führer streckt dir seine helfende Hand entgegen. Er möchte dich auf deinem Lichtpfad führen. Gib ihm deine Hand. Geh in deinem Leben weiter in Harmonie mit der göttlichen Führung und strahle. Strahle! Verlier den Segen nicht, sondern spüre ihn. Spüre!

15. Juni *Anafiel*

Du bist immer ein Teil des Ganzen deiner Selbst und des Ganzen des Himmels. Das Licht verschließt sich dir niemals, streck dich ihm entgegen. Wofür lebst du hier? Nutze deinen Geist, deine Herzensliebe und lebe deinen Segen!

16. Juni *Zophiel*

Die Schönheit zu erkennen ist eine große Lebensaufgabe. Sie ist in kleinen wie auch in großen Dingen. Sie ist in dir wie auch im Außen. Öffne deine Sinne für scheinbar unwichtige ebenso wie für wichtige Dinge. Lebe die Schönheit durch deine Gelassenheit!

. . . .

. . . .

. . . .

17. Juni *Orifiel*

Es gibt energetisch offene Rechnungen nur für solche Altlasten, die du emotional – bewusst oder unbewusst – selbst noch weiter festhältst. Vergeben und vergessen lautet die Devise. Vergib und lass einfach los!

. . . .

. . . .

. . . .

18. Juni *Gasardiel*

Gestalte deinen Tag ganz bewusst bescheiden und rein. Dies kannst du auf deine Unternehmungen beziehen, auf dein Essverhalten und so fort. Denn dann erkennst du durch Einfachheit, wie schön und frei das Leben doch ist. Finde deine Ehrlichkeit und lauf nicht vor dem Leben davon!

. . . .

. . . .

. . . .

19. Juni *Cassiel*

Deine früheren Leben, deine Ursprungsfamilie, deine vergangenen und gegenwärtigen Beziehungen – alles hat dazu gedient, dir entsprechende Werte und Wege zu offenbaren. Was ist für deine Individualität heute nützlich davon? Und was ist wirklich deine Erfahrung dabei? Finde deine eigenen lichtvollen Prinzipien.

20. Juni *Dina*

Lerne, auf dich zu hören, auf den Himmel in dir. Das ist die wahre Lehre. Respektiere das, was du noch zu entwickeln hast, und halte es dir vor Augen. Beachte das, was du schon kannst, und vertiefe dieses Potenzial. Was ist deine innere Kraft? Sie möge deinen liebevollen Glauben entfalten!

21. Juni *Kmiel*

Man darf seine Ziele immer wieder korrigieren, jedoch sollte man nie stehen bleiben, sondern mithilfe der geistigen Führung weitergehen. Erkenne so deine wahre Anbindung an die universelle Kraft und schöpfe aus ihrer Unendlichkeit! Du darfst alles, was nötig ist – hol es in deiner Reinheit in dein Leben!

22. Juni *Vretil*

Mach dir Gedanken darüber, was du für einen wunderbaren Arbeitstag oder für einen gelungenen freien Tag brauchst. Tagesbeginn mit Sport, Meditation, ausgeglichenem Essen, einem guten Buch oder herzlichen Menschen? Verhalte dich danach, denn das ist spirituelle Entwicklung und spirituelles Geschehen im Alltag.

. . . .

. . . .

. . . .

23. Juni *Barbiel*

Im Lichtkanal des Urvertrauens zu stehen und alte Ketten der Ängste zu zersprengen ist die menschliche Lebensaufgabe. Fang deinen Tag immer wieder mit diesem Vertrauen auf das Gute in allem Leben an und lebe danach. Das wird alles in deinem Inneren und im Äußeren befreien.

. . . .

. . . .

. . . .

24. Juni *Curaniel*

Nimm die Blume des Lebens an. Alles Reine strahlt dich an. Strahle zurück und erfreue dich daran. Verbinde dich mit dem wahren Glück von Güte und Gelassenheit. Übe diese Eigenschaften. Du wirst und bist gut!

. . . .

. . . .

. . . .

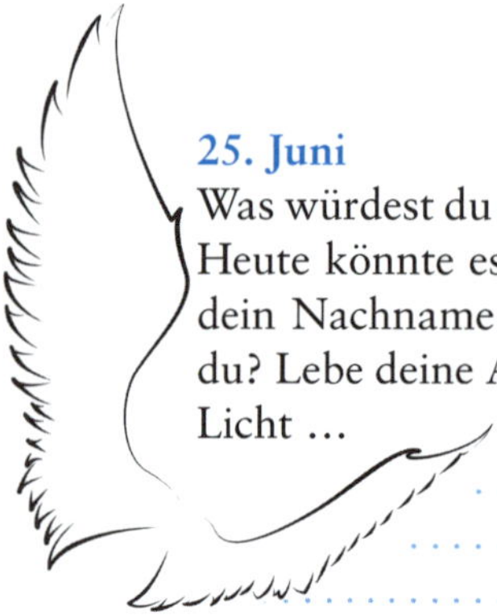

25. Juni *Merkabah*

Was würdest du antworten, wenn ein Lichtwesen nach deinem Namen fragt? Heute könnte es passieren, also spür in dich hinein. Bist du dein Vorname, dein Nachname? Oder spürst du dich als ein helles Licht? Was antwortest du? Lebe deine Antwort dann auch! Deine Begrenzung oder das grenzenlose Licht …

26. Juni *Ramiel*

Hol den Himmel zu dir. Bring diese Ruhe und Fülle in deine Tat. Was kannst du leichter nehmen? Was ist heute dein Lernschritt im Alltag? Spür den Himmel und seine Freiheit in dir und handle danach!

27. Juni *Jeremiel*

Es wird Zeit, sich Gedanken darüber zu machen, wie dein Leben verlaufen soll. Siehst du einen lichtvollen Weg, voller Blüten und unter einem freien Himmel? Oder siehst du noch Hindernisse, Steine und Zweige auf dem Boden deiner Wegstrecke? Dann ist es höchste Zeit, aufmerksam zu werden in Bezug auf das, was kommen soll.

28. Juni *Domiel*

Der Himmel stellt dir gern eine ganze Palette an Hilfsmöglichkeiten und Ideen für die Verwirklichung deines Ziels zusammen. Was ist dein innerer Elan, deine Motivation oder dein Antrieb im Leben auf dieser Erde? Verfolge diesen Sinn! Es wird dir immer geholfen in deinem Leben. Fördere dich selbst!

. . . .

. . . .

. . . .

29. Juni *Cosmiel*

Deine lichtvollen helfenden Ahnen sind für dich heute ganz besondere Lehrer. Sie kennen dein Karma, deine jetzigen Möglichkeiten und die zukünftigen Ziele. Heute wirst du mit ihrer Hilfe auf alles Sinnvolle vorbereitet. Entdecke deine Ziele! Lass geistige Ordnung in dich hineinströmen und fliege zu deinen Zielen!

. . . .

. . . .

. . . .

30. Juni *Ariel*

Das kosmische Licht spricht immer lauter zu dir. Hörst du es nicht? Was ist dein Weg und was deine Fülle? Spüre das wärmende Licht in deiner Brust, lausche seiner Botschaft. Geh deinen Weg in Frieden. Vertrauen leitet dich. Verfolge deine Lebensaufgaben aus einem höheren Sinn!

. . . .

. . . .

. . . .

Juli

Erzengel Zachariel

Ich helfe dir, immer flexibel und offen zu sein.
Bleib vor allem geistig und seelisch in Bewegung,
um neue Pläne und Ziele zu verwirklichen.
Neue Ideen und Impulse kannst du immer wieder erhalten,
wenn du dich innerlich auf Empfang programmierst.
Alle meine Engel unterstützen dich dabei,
und es werden sich Einschränkungen und Blockaden
wie von selbst lösen können.
Sei auch offen für Gespräche und Informationen,
die in diesem Monat verstärkt auf dich zukommen.

Nutze sie, um die nächsten Schritte zu gehen,
die weiteren Entscheidungen zu treffen.

1. Juli *Domiel*

Du bist noch auf dem Weg zum Verständnis dessen, was dein Leben ausmacht, was deine Aufgabe ist. Bleib dran, denn sie führt dich zu deinem tatsächlichen, individuellen Licht. Wie eine Perle eröffnet sie sich dir in ihrem Glanz und ihrer Reinheit. Das wirst du in dir erkennen: deine eigene innere Weisheit!

2. Juli *Cosmiel*

Nur der Ton des Lebens, die Musik der Engel kann dir dein Lied vorspielen. Der Himmel spielt für dich. Spüre seine Schwingung und seine Melodie. Öffne dein Herz wie ein Lichtfenster und schau aus dem Inneren, wie das Leben tanzt – für dich und mit dir.

3. Juli *Ariel*

Du empfängst viele geistige Geschenke und Gaben. Nutze sie, durch deine Bereitschaft, dem Guten zu vertrauen. Lebe sie, und du wirst sehen, wie leicht sich die irdischen Angelegenheiten lösen und sich deine Intuition öffnet für neue Inspiration voller wunderbarer, heilender Ideen!

4. Juli *Zuriel*

Was hast du von geistigen Impulsen bereits in dir empfangen, erlebt und umgesetzt? Nutze heute zumindest eine Gabe ganz bewusst und du wirst wachsen. Was ist heute dein Impuls, welches eine faszinierende, sich gut anfühlende Idee? Setz sie um und wachse in deiner Freude daran!

. . . .

. . . .

. . . .

5. Juli *Nathanael*

Empfindest du in deiner Entwicklung immer mehr Sicherheit und Stabilität? Erforsche diese Frage und schau, wie viel souveräner du im Alltag geworden bist. Spüre, um wie viel sensitiver dein Umgang mit der Intuition heute ist. Ohne kleine Schritte zu würdigen, sind größere nicht möglich!

. . . .

. . . .

. . . .

6. Juli *Israfel*

Du entwickelst dich immer mehr zu dem, was du an lichtvollen Gaben in dir und in der Welt spürst. Verfolge diesen Weg. Werde immer mehr das göttliche Licht, das du bist. Erfülle deinen Lebenszweck und tu, lebe das, was du spürst!

. . . .

. . . .

. . . .

7. Juli *Dabriel*

Langsam spürst du, wie die Engel zu dir sprechen. Sei rein, fein und zart – wie kleine Kinder sprechen sie dich an. So wie man auch lernen soll, ruhig und geduldig den Kindern zuzuhören, genau so sollte man in seinem Herzenskontakt dem Lichten zuhören. Wie fühlen sich die Wärme deines Herzens und das Gefühl des Vertrauens an? Je mehr Wärme du spürst, desto intensiver ist das Gespräch in dir!

. . . .

. . . .

. . . .

8. Juli *Barachiel*

Begegne weiterhin der inneren Fülle. Kein Bemühen darum ist sinnlos. Tu es immer aufs Neue. Durch deine Gelassenheit und mit deiner Liebe zum Neuen gelingt es dir tatsächlich. Doch halte geistige Begegnungen nicht fest. Freu dich lieber auf immer intensivere Begegnungen in der Herzensfülle deines Inneren.

. . . .

. . . .

. . . .

9. Juli *Abuliel*

Strebe keine Perfektion im Außen an. Dann wirst du immer auf Hilfsmittel angewiesen sein. Strebe nach Gelassenheit und Urvertrauen im Inneren. Dies ist der richtige Wegweiser für außen. Dann erledigen sich die Süchte und Zwänge von allein. Lebe Vertrauen!

. . . .

. . . .

. . . .

10. Juli — *Kemuel*

Es werden dir immer viele Möglichkeiten im Außen angeboten. Sei dir gewiss, es können nur solche Möglichkeiten sein, denen du gewachsen bist. Alles andere macht keinen Sinn. Zur richtigen Zeit bekommst du also all das, wofür du die Reife besitzt. Alles zu seiner Zeit. Unterschätze und überschätze dich nicht!

11. Juli — *Suriel*

Es ist immer jenes das Richtige, was aus deinem tiefsten Inneren als Impuls kommt. Diese Impulse sind wie Segel, die dein Lebensschiff zu den richtigen Inseln führen. Alles andere ist einfach nicht für dich. Erlebe die Leichtigkeit auf dem Weg zu individuellen Zielen – und erlebe dich!

12. Juli — *Jehudiel*

Alles, was einen lichtvollen Impuls in sich trägt, ist von Erfolg geprägt. Wie ist dein Impuls: Ist er stimmig oder beruht er auf einer falschen, bedürftigen Motivation? Stimme dich immer mit den Lichtsphären ab und handle danach. Was schöpfst du an Gutem für dich und vor allem für andere daraus? Verbreite das Gute!

13. Juli *Esrael*

Wo kannst du heute Blumen der Freude pflanzen? Ein Lächeln auf die Lippen deiner Mitmenschen zaubern, etwas Entlastendes tun? Wo führen dich dein Mitgefühl und deine innere Bereitschaft hin? Orientiere dich an deinem inneren Kompass, deinem Gefühl, deiner Intuition. Was kannst du heute Liebevolles zaubern?

14. Juli *Anafiel*

Alle Menschen lieben dich. Jeder so, wie er es heute kann, doch letztlich wahrhaftig. Du siehst, dass jeder in seinem Bemühen und seiner Glaubenskraft lebt. Lebe du noch heute bewusster, aus voller Herzenspracht. Gestalte deine Liebe einmalig!

15. Juli *Zophiel*

Lass dich auf neue Ideen, Eigenschaften, Taten und Inspirationen ein. Lerne, die Welt aus neuen Bildern heraus zu sehen. Der Horizont ist grenzenlos weit, so wie dein Leben! Nutze deine Chance!

16. Juli *Orifiel*

Die Menschen in deiner Umgebung wie auch in der Öffentlichkeit, die du bewunderst, entsprechen einem Teil von dir selbst. Du erkennst in ihnen die Schönheit des Lebens. Erkenne diese Schönheit auch in dir! Ohne sie würdest du nicht in Resonanz mit den anderen sein! Hab Mitgefühl, wo das benötigt wird. Freu dich für andere, wenn sie einen Grund zur Freude haben. Du erlebst alles Wandelbare in dir!

. . . .

. . . .

. . . .

17. Juli *Gasardiel*

Gemeinsam ist man stark. Findet zueinander. Ihr schränkt euch nicht ein, wenn ihr euch nicht abhängig macht. Strebt miteinander, für das eigene Wohl und für das Wohl des anderen. Nur gemeinsam bekommt man Flügel und empfängt den Erfolg der Liebe.

. . . .

. . . .

. . . .

18. Juli *Cassiel*

Für heute ist für dich ein geistiges Päckchen reserviert. Ein Geschenk von himmlischen Sphären. Freu dich auf diesen Tag und auf seine Offenbarung. Gestalte dein Leben und lebe deine Wahrheit. Was ist heute für dich da? Die Sonne und der Mond, die Erde und der Himmel? Schenk deine Liebe im Mitgefühl!

. . . .

. . . .

. . . .

19. Juli *Dina*

Von Kindern und jungen Menschen kann man so viel lernen. Leg dein Ego heute einmal ab, setz dich hin und beobachte ihr Tun. Erlebe ihre Fantasie, spüre ihre Offenheit und Reinheit. Erlebe dich darin! Denn was sind Jahre? Die Zeit bleibt im Geiste still! Dies ist die wahre Gnade!

20. Juli *Barbiel*

Gib einen Teil deiner Fülle an diejenigen weiter, die es nötig haben. In Form eines Geschenks, einer Botschaft, eines Rats, deiner Anwesenheit. Tu das, was dir in den Sinn kommt, wenn du nach dem richtigen Handeln fragst. Du begreifst, wie viel Fülle du doch hast, in Freude zu teilen.

21. Juli *Vretil*

Du reitest für dich auf deinem »Pferd«, dem Körper, den du jetzt hast, entlang deines Weges und doch bist du nicht allein. Viele Menschen sind auf demselben Weg, zum Beispiel deine Familie und Freunde. Und doch reitet jeder für sich selbst. Segne sie und folge deinem Selbst!

22. Juli *Kmiel*

Es ist schön, gebraucht zu werden. Genauso schön ist es aber auch, zu begreifen, dass die Welt ohne dich dennoch nicht untergehen kann. Die Engel finden immer neue Wege. Genieße es, das zu tun, was du zu tun hast – nicht mehr und nicht weniger. Dann wird nichts zu einer Last, sondern alles zur puren Freude.

23. Juli *Curaniel*

Lerne von der Weisheit der Alten. Lass sie aber nicht unüberlegt zu deiner Wahrheit werden, sondern erlebe sie behutsam und aufmerksam auf neue Weise. Lass die in dir gewachsene neue Weisheit dann zu deiner Wahrheit werden. In Würde und Reife gestaltest du alles neu. Das ist wahre Reife auf dem Weg der Individualität im neuen Zeitalter.

24. Juli *Merkabah*

Manchmal kommt dir das Leben vor wie eine unlesbare Straßenkarte. Du kannst sie drehen und wenden, wie du willst, sie bleibt dir rätselhaft. Das passiert aber nur dann, wenn diese Karte nicht wirklich für dich bestimmt ist. Also leg sie getrost zur Seite und schau nach vorn. Stell dir die Frage nach dem, was für dich richtig ist. Dann ist der Erfolg auf deiner Seite.

25. Juli *Barachiel*

Wenn du nur anderen gefallen willst und deine Persönlichkeit nach ihnen ausrichtest, wirst du früher oder später versagen. Wenn du dich an deiner Besonderheit erfreust und Gefallen an dir findest, wirst du langfristig nicht nur dir Gutes tun. Dein Erfolg auf allen Ebenen hängt mit Ehrlichkeit und Treue zum eigenen Geist zusammen!

26. Juli *Abuliel*

Wenn du deinen tiefen Glauben dem Urvertrauen in dir schenkst, dann schwebst du auf der Welle der göttlichen Fülle. Kein Konflikt mit dir und anderen wird dir helfen, das Göttliche zu fühlen. Geh in die Stille des Inneren und genieße den Frieden in dir, den Frieden im Inneren der ganzen Welt.

27. Juli *Kemuel*

Auserwählte Menschen werden zu dir geschickt, um dir bei deinen geistigen Aufgaben zu helfen. Sei dir sicher, dass keiner dieser Menschen »perfekt« ist, und du selbst brauchst es auch nicht zu sein. Erkunde einfach deine innere Stärke und lebe danach. Die Resonanz der anderen Menschen in deinem Umfeld wird dir helfen. Beobachte, fühle, lerne – und liebe dich und andere.

28. Juli — *Suriel*

Manchmal kann eine noch so kleine Tat zu großen Ergebnissen führen. Scheue dich nicht davor, eine Kindersandschaufel zu nehmen oder einen Stein aufzuheben und unter ihn zu schauen. In scheinbar sinnlosen Sachen findet man erst den wirklichen Lebenssinn. Schau hinter die Dinge, geführt von der Einfachheit im Lebenssinn!

. . . .

. . . .

. . . .

29. Juli — *Jehudiel*

Jeder Mensch versucht, seine Religion, seine eigene Anbindung an die Quelle zu finden. Manche werden Nonnen, andere Atheisten. Jeder ist suchend auf seinem Weg. Nicht das Belehren von anderen Menschen, sondern das Finden der inneren Stimmigkeit im eigenen Tun ist richtig. Der Frieden dabei ist das Entscheidende.

. . . .

. . . .

. . . .

30. Juli — *Esrael*

Es gibt keinen Grund, vor irgendetwas Angst zu haben. Schau hinter alle scheinbaren Bedrohungen. Was erwartet dich dahinter? Wenn es dir nicht entspricht, dann lass dich nicht darauf ein. Denn es gibt viele andere Möglichkeiten, etwas zu tun und zu bewegen!

. . . .

. . . .

31. Juli *Anafiel*

Alles, was außergewöhnlich ist, scheint spannend zu sein. Ist das Spannende denn das, was die Gefühle schön macht? Ja? Dann genieße es – oder lass es sein. Die Liebe möge deine Antriebskraft sein!

August

Erzengel Haniel

Achtung und Respekt vor dir und allen anderen Menschen, das sind die Hauptthemen in diesem Monat.
Genauso solltest du darauf achten,
keine Macht über andere auszuüben.
Im Gegenzug darfst und sollst du natürlich jegliche Machtausübung und Manipulation dir gegenüber abblocken.
Karmische (also von vorigen Leben hierher mitgebrachte)
Begegnungen und Bereiche
werden sich genauso bemerkbar machen
wie wunderbare Partner und Verbindungen
auf der Seelenebene.
Du darfst all das als Geschenke deiner Engel annehmen
und genießen.

Öffne dich dafür!

1. August *Cosmiel*

Dankbarkeit ist die Voraussetzung dafür, die Geschenke des Lebens zu nutzen. Empfinde Dankbarkeit für Menschen, Begegnungen und Situationen, aus denen du lernen kannst. Bete aus dieser Quelle, dass andere Dinge, die du nicht brauchst, sich in ihrem Schicksal für dich auflösen dürfen. Sei standhaft dabei in deinem Glauben und in der Dankbarkeit für das Gute!

. . . .

. . . .

. . . .

2. August *Ariel*

Ein Gebet ist immer ein guter Dienst am Himmel. Es führt zu innerer Einkehr und Meditation. Diese Kraft ermöglicht dem Guten, in dir und um dich herum zu wirken. Du trägst ein großes Stück himmlischen Frieden in dir. Sei bereit, in ihm zu wirken. Dein Herz ist bereit!

. . . .

. . . .

. . . .

3. August *Zuriel*

Das Lachen und die Freude – das sind die wahren Gründe zu leben. Alles kommt in ihnen in Fluss: die Gesundheit, private und berufliche Beziehungen, Konflikte lösen sich darin auf. Sei offen für diese Kraft, nimm alles leichter und lass dich auf die Freundlichkeit ein. Werde leichter in deinem Gemüt und deinem Körper!

. . . .

. . . .

. . . .

4. August *Nathanael*

Du kannst wie ein Fels in der Brandung sein, wenn du willst. Setz an deinem inneren Wunsch an und verwirkliche es. Alle Kraft der Welt ist in dir, wenn du an sie glaubst. Scharen von unzähligen Engeln sind bei dir, wenn du sie in deiner inneren Herzenssicherheit rufst.

5. August *Israfel*

Die Weiblichkeit zu erleben, bedeutet, Hingabe und Vertrauen zu erfahren. Was ist deine sowohl sanfte als auch unendlich starke Seite? Erlebe sie jetzt! Erinnere dich, warte nicht. Jetzt ist die richtige Zeit. Wo ist deine Hingabe in diesem Augenblick? Lebe deine Weiblichkeit!

6. August *Dabriel*

Schaffe einen willkommenen Ruheraum für dich und deine Lieben. Lade sie ein, sich in dieser Gemeinschaft wiederzufinden. Erlebe sie als einen Teil deines Lebens und sei ein Teil ihres Lebens. Erhöhe euer Vertrauen. Vertraue deiner Liebe in dir.

7. August *Barachiel*

Es muss immer wieder auch ein anderer Wind in deinem Leben wehen. Denn dies erfordert von dir Aufmerksamkeit, Flexibilität und Anpassungsfähigkeit. Diese und andere Eigenschaften bringen dich in deiner Entwicklung voran. Schätze die Veränderungen!

. . . .

. . . .

. . . .

8. August *Abuliel*

Hast du heute ein neues Ziel, ein neues Projekt oder einen Wunsch vor Augen? Nutze die Engelshilfe dafür und lass sie in allem mitwirken. Dann wirst du sehen, was noch an Fülle möglich ist.

. . . .

. . . .

. . . .

9. August *Kemuel*

Die Vielfalt des Lebens ist groß. Werde nicht einseitig! Genieße die Vielschichtigkeit und Farbenpracht des Lebens. Genieße die Unterschiedlichkeit im menschlichen Wesen. Was ist der Wesenszug eines anderen? Erfasse ihn immer wieder neu, denn du kannst ihn aus allen möglichen Richtungen erleben und dir selbst in einer unentwegt sich ändernden Charaktereigenschaft begegnen.

. . . .

. . . .

. . . .

10. August *Suriel*

Der Sonne entgegen, begeistert von neuen Impulsen, neuen Ideen folgend bereisen wir die innere Welt und sind dabei angebunden an die äußere. Was erlebst du in dir? Was erlebst du von dir im Äußeren? Was berührt dich und was ist nicht deins? Das Leben ist eine Reise. Lebe deine!

. . . .

. . . .

. . . .

11. August *Jehudiel*

Jeder Mensch, der uns sowohl positiv wie auch negativ berührt, spiegelt uns etwas von uns selbst wider. Halte dich damit nicht auf. Verharre weder in Euphorie noch im Schock. Nimm zur Kenntnis und lass los. Beobachte, was dir der nächste Augenblick bringt. Übe Gelassenheit!

. . . .

. . . .

. . . .

12. August *Esrael*

Alle Veränderungen, die für den inneren Fluss notwendig sind, werden schon kommen. Freu dich auf diesen Augenblick und schütze das, was bereits zu dir gekommen ist. Sei jedoch auch bereit zum Loslassen. Sei im Frieden mit dir selbst und in dir selbst. Lebe diese Wirklichkeit! Erhebe dein Licht!

. . . .

. . . .

. . . .

13. August *Anafiel*

Nach dem Regen sieht man häufig auch gleich einen Regenbogen. Die Tränen reinigen und schaffen Platz für neue Freude. Schaffe auch du im Herzen die Bereitschaft, neues Licht zu sein. Öffne dein Herz, schau nach oben, richte dich auf und folge dem Licht!

. . . .

. . . .

. . . .

14. August *Zophiel*

Es gibt viele Phasen des Lernens im Leben. Man wechselt viele Male die Klassen und Schulen. So ändert sich auch immer wieder etwas im Leben. Denn das Leben ist eine Schule. Sei ein Schüler deines eigenen Lebens!

. . . .

. . . .

. . . .

15. August Mariä Himmelfahrt *Orifiel*

Die Weisheit fällt vom Himmel, wenn du gütig und bereit bist, aus den Lebenserfahrungen zu lernen. Begegnungen sind wie neue Bücher. Öffne sie, sei interessiert am Leben, doch lass die anderen ihre eigenen Bücher sein. Öffne dein Buch des Lebens!

. . . .

. . . .

. . . .

16. August *Gasardiel*

Mut ist ein wichtiger Bestandteil für die Entwicklung eines unerschütterlichen Vertrauens, das zur Vergebung und zum Loslassen führt. Daraus entsteht neues Leben!

17. August *Cassiel*

So wie du ein für dich neues Bild betrachten würdest, vorurteilslos und interessiert, so betrachte auch dich selbst, deine Lieben und dein Leben. Was ist das Besondere daran, was sagt dir besonders zu, was ist noch zu erhellen? Du bist der Gestalter deines Lebens!

18. August *Dina*

Die Wege, die wir vernachlässigen, werden uns wieder begegnen. Geh deine Lebensstraßen bewusst, schätze Beziehungen und Menschen – lerne jetzt, denn sonst kommt das, was vernachlässigt wurde, später wieder auf dich zu. Lerne jetzt dazu!

19. August *Barbiel*

Immer wenn du nach Auswegen suchst, orientiere dich an dem, was du willst. So erkennst du immer mehr, nach und nach, dein Lebensziel. Arbeite dafür. Was ist dein Lebenssinn? Welche Güte willst du leben?

. . . .

. . . .

. . . .

20. August *Vretil*

Wenn du denkst, du kannst nicht mehr, öffnet sich ein Weg. Wenn du denkst, du hast dein Ziel erreicht, öffnet sich ein neues Bestreben. Es ist nie vorbei. Weder im irdischen noch im geistigen Leben. Erfreue dich am Weg zum Licht und sei auch mit deinem Bewusstsein dabei!

. . . .

. . . .

. . . .

21. August *Kmiel*

Ein neuer Tag, eine neue Tür, eine neue Entwicklung wartet auf dich. Empfange sie so, wie du dich für lieb gewonnene Aspekte des Lebens öffnest. Lächle den neuen Tag an, bereite dich in aller Aufmerksamkeit auf ihn vor, nimm dir Zeit für ihn. Lebe bewusst!

. . . .

. . . .

. . . .

22. August *Curaniel*

Viele Aufgaben sind erledigt, lobe dich und ruh dich aus. Gönn dir Zeit für das Genießen des Lebens und atme die Gegenwart und Zufriedenheit ein und aus. Das Wesentliche ist geschafft. Schöpfe neue Kraft!

. . . .

. . . .

. . . .

23. August *Merkabah*

Etwas Neues erscheint am Horizont. Etwas Neues erwartet dich, begegnet dir. Es ist schön, freu dich! Eine neue Lebensstufe beginnt. Lebe in dir und aus dir. Du bist groß!

. . . .

. . . .

. . . .

24. August *Ramiel*

Ein Tag, um sich um die Familie und die Menschen zu kümmern, die an dich denken. Ruf die Menschen an, die dir in den Sinn kommen. Sie freuen sich bestimmt. Geh mit den Menschen spazieren, die dich lieben. Auch du freust dich bestimmt. Lerne die ungezwungene Gesellschaft anderer zu schätzen.

. . . .

. . . .

. . . .

25. August *Jeremiel*

Heute ist große Achtsamkeit angesagt. Wäge ab, ob du wirklich das machen willst, worum du gebeten wirst. Ob die Wege, die dir angeboten werden, wirklich die deinen sind. Wäge in Stille ab, lass dir Zeit. Nichts kann und soll dich drängen!

. . . .

. . . .

. . . .

26. August *Domiel*

Liebe, Liebe liegt in der Luft. Leichtigkeit ist heute angesagt. Setz dich nicht unter Druck. Spüre, worauf du Lust hast. Denn alles ist von Erfolg geprägt, was du in Leichtigkeit angehst!

. . . .

. . . .

. . . .

27. August *Cosmiel*

Durchhaltevermögen und Durchsetzungskraft sind wichtige und fleißige Kollegen bei deinen Aufgaben und Plänen. Tu das, was du zu tun hast, und gib ab, was andere tun können. Alles Weitere übergib in die Hände der Engel. Sie tun schon alles Nötige!

. . . .

. . . .

. . . .

28. August *Ariel*

Der Tag ist erfüllt von lauter Ideen und von Heiterkeit. Lass dich darauf ein, deinen Träumen Raum zu geben. Lass dich auf neue Inspirationen ein und lass die Erwartungshaltung los, dass etwas Bestimmtes unbedingt in Erfüllung gehen müsse. Sei nicht so ernst. Das Richtige und Stimmige wird sich vollziehen. Überlass es dem Himmel!

. . . .

. . . .

. . . .

29. August *Zuriel*

Wirf einen Blick nach hinten. Stell fest, was alles schon war und geleistet wurde. Werde dir bewusst, dass du alles richtig machst. Vertraue darauf, dass deine Zukunft von einem lichten Stern geleitet wird. Warum soll es denn anders sein? Es ist hell!

. . . .

. . . .

. . . .

30. August *Nathanael*

Du hast viel von dem bereits erfüllt, was von dir erwartet wurde. Setz nun an dem an, was du dir selbst wünschst. Nur das ist heute wichtig und macht dein wahres Sein aus! Ist es dir auch wichtig? Nutze dieses Sein jetzt in deinem Leben.

. . . .

. . . .

. . . .

31. August *Israfel*

Heute sollst du erkennen, dass du sehr viel vom irdischen Leben begriffen hast und wesentliches geistiges Wissen schon in dir trägst. Verbinde Erfahrung und Wissen in dir. Wage neue Schritte. Erlebe die Fülle deines geistigen Seins!

. . . .

. . . .

. . . .

September

Erzengel Zadkiel

Zieh dich in diesem Monat etwas zurück
und komm innerlich zur Ruhe.
Neue Erkenntnisse und Gefühle werden die Folge sein
und du kannst einiges neu strukturieren,
gewinnst auch wieder mehr Überblick.
Achte auf deine Herzenergie und Botschaften deiner Seele.
Aktiviere deine Intuition und blende materielle
und grobstoffliche Themen aus.
Geh durch die Natur und aktiviere dein altes Wissen,
das du aus vergangenen Leben hierher mitgenommen hast.

Alles, was du brauchst, ist in dir
und ich helfe dir, dein Potenzial zu aktivieren
und optimal zu nutzen.

1. September — *Ariel*

Schau genauer hin, schau hinter die Dinge. Übe dich dabei in Geduld und Ruhe, denn nicht alles ist so, wie es den Anschein hat. Hör auf das tiefe Gefühl der ewigen Ruhe in dir, atmend und sicher. Schau von Liebe erfüllt. Erkenne die göttliche Liebe. Sie ist das Wahre hinter dem Schein!

2. September — *Zuriel*

Sei fleißig und verlier dich nicht in Unsicherheiten. Du stehst erst am Anfang deines Weges. Setz am inneren Licht an, dann siehst du, dass es im göttlichen Paradies kein Ende gibt. Schätze das Leben!

3. September — *Nathanael*

Die tatsächliche Fülle erlebst du im Gleichgewicht des Geistes, der Seele und des Körpers. Tu das, was du fühlst. Geh den Weg zur Einheit jetzt. Verschiebe es nicht, denn es warten auf dich die ewige Ruhe und Harmonie!

4. September

Israfel

Setz an deinen höheren Zielen an. Nutze dafür die Ausgangsbasis des Vorhandenen. Du erreichst deine Ziele. Kopf hoch! Folge dem Licht am Horizont. In dir sind höhere Ziele!

. . . .

. . . .

. . . .

5. September

Dabriel

Du hast einen großen Blumenstrauß an wertvollen Erfahrungen gesammelt, der dich reifen ließ. Welche Farbe überwiegt in diesem Strauß, wenn du ihn sehen könntest. Die Farbe Blau, die Kraft der Ruhe in dir? Oder eine andere? Die vorherrschende Farbe wird der Nährboden für deine weiteren Entscheidungen sein. Begegne allem in Ruhe! Begegne allem in deiner Farbe!

. . . .

. . . .

. . . .

6. September

Barachiel

Stärke dich heute, indem du dich deiner Liebe zuwendest. Was brauchst du heute? Kümmere dich um dich selbst und lass alle Gedanken und Gefühle von deinen Taten mit Liebe bestrahlen. Liebe ist deine Kraft und dein Glaube. Festige sie in dir!

. . . .

. . . .

. . . .

7. September — *Abuliel*

Du bekommst nun einige Hausaufgaben für deine Entwicklung. Bereite dich auf deinen Weg vor und sei ohne Zweifel. Lebe das, woran du glaubst. Deine Einstellung im Leben wird auch anderen helfen. Lebe und wirke in Liebe!

. . . .

. . . .

. . . .

8. September — *Kemuel*

Alles fügt sich zu einem höheren Sinn. Erfülle dein Ziel! Für die Aufgabe, für die du auserkoren bist, kommst nur du infrage. In deiner Göttlichkeit bist du unverwechselbar. Handle in deiner Gnade!

. . . .

. . . .

. . . .

9. September — *Suriel*

Die Aufbruchstimmung zum neuen Wachstum ist da. Denk daran, du kannst am Wachstum nur gewinnen. Unsagbare Möglichkeiten eröffnen sich dir. Denk an deine Kraft und sei von ganzem Herzen dabei!

. . . .

. . . .

. . . .

10. September *Jehudiel*

Strebe nach Stabilität und höherer Anbindung in deinem Leben. So begegnest du deinem wahren Naturell. Alles, was im Leben passiert, hat höhere Bedeutung. Segne und lebe dein Leben! Lebe dein Ziel!

. . . .

. . . .

. . . .

11. September *Esrael*

Tu die Schritte deines Lebens bewusst in hoher Aufmerksamkeit im Inneren. Große Schätze eröffnen sich dir sowohl im Äußeren als auch im Inneren. Verbinde sie wie in einem Regenbogen. Werde zum Ganzen deines Universums.

. . . .

. . . .

. . . .

12. September *Anafiel*

Die Menschen bringen dir heute viele überraschende Geschenke. Alle denken das Beste von dir und sehen das Gute in dir. Begegne ihnen in deinem tatsächlichen Licht. Bring das Gute zu ihnen. Erkenne dich!

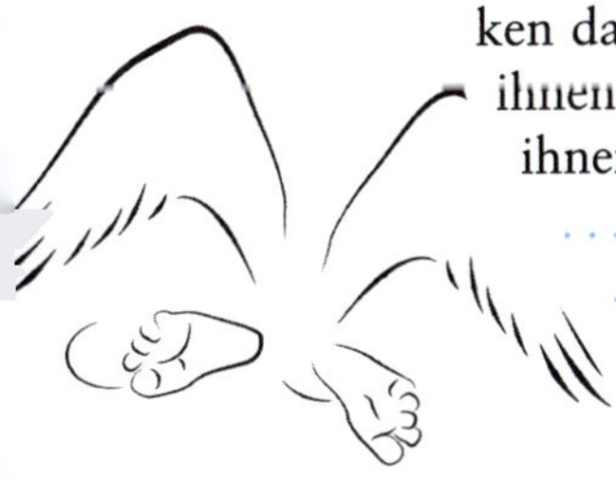

. . . .

. . . .

. . . .

13. September

Zophiel

Nun ist die Zeit gekommen, noch verschlossene Briefe zu öffnen und deine Geschichte, deinen Werdegang und deine Inkarnation zu begreifen. Was ist dein lichtvolles Ziel? Lebe dafür in dir! Für alles gibt es einen Sinn.

14. September

Orifiel

Räum hinter dir auf. Schließ die Dinge ab. Verabschiede dich in Würde von anderen Menschen. Lass die Dinge des Vergangenen hinter dir, die du nicht mehr nutzen wirst. Vergib und segne in deinem Wirken!

15. September

Gasardiel

In Momenten der Ruhe und Harmonie lass neue Eindrücke auf dich wirken. Empfange die Kraft der Gegenwart. Sei dir gewiss, dass für alles gesorgt ist. Nimm dich wahr!

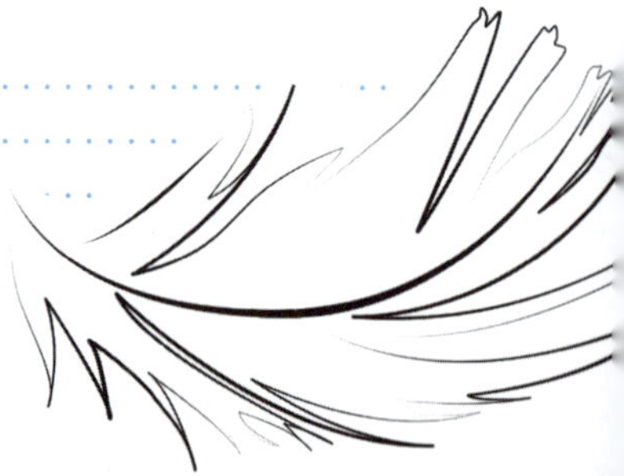

16. September *Cassiel*

Neue Möglichkeiten und offene Türen sind auch mit neuen Aufgaben und Herausforderungen verbunden. Bewahre immer, bei jeder Tür, die nötige Ruhe und nutze deine Wesensstärke. Du versagst nie. Die Engel sind immer bei dir.

17. September *Dina*

Überlass das Leben der anderen auch wirklich diesen anderen. Du bist zum Verkünden und Loslassen da. Besinne dich auf deine Aufgabe und sei stets bereit, Liebe zu empfangen. Sei stets bereit, Mitgefühl und Liebe auszustrahlen.

18. September *Barbiel*

Ein neuer Tag bedeutet einen neuen Weg. Er führt dich mit Sicherheit richtig und rechtzeitig zu deinen Aufgaben. Eine neue Tat bringt ein neues Licht. Lass dich führen zu solch neuen Taten. Das Leben braucht dich!

19. September *Vretil*

Viele Menschen sind bereit, dir zuzuhören. Begegne ihnen und auch dir selbst wie altbekannten Freunden. Das Leben verbindet euch immer neu. Begegnung und Trennung sind wichtige Qualitäten, die jetzt zu lernen sind. Segne und geh in diesem Augenblick!

. . . .

. . . .

. . . .

20. September *Kmiel*

Du kannst heute von anderen besonders viel lernen. Lass die Zügel los, um dich frei vom Leben tragen zu lassen. Dies ist ein großes Lob an dich, die Welt und deine Mitmenschen. Befreie dich von Spannungen und begegne den anderen ganz selbstverständlich!

. . . .

. . . .

. . . .

21. September *Curaniel*

Wohin willst du, dass dein Weg dich führt? Wo bringt dich das Leben hin? Bereite dich durch dein Licht innerlich vor. Es leuchtet dir den Weg frei. Geh, beschwingt von Urvertrauen und Glückseligkeit!

. . . .

. . . .

. . . .

22. September — *Merkabah*

Achtsamkeit ist immer angesagt – in ruhigen ebenso wie in von Arbeit erfüllten Tagen. Übe die Achtsamkeit jedoch in Gelassenheit. Sie darf nicht in eine neue Form von Arbeit oder Anstrengung ausarten. Beobachte die Welt um dich herum. Folge jedoch deiner inneren, harmonischen Uhr!

. . . .

. . . .

. . . .

23. September — *Abuliel*

Der Weg ist noch lange nicht zu Ende. Er ist gesegnet und gut. Bleib deiner inneren Aufgabe treu und bleib in deiner Gelassenheit. Lebe deinen Traum, spüre ihn, nimm ihn wahr. Danke dem Leben für diesen Augenblick!

. . . .

. . . .

. . . .

24. September — *Kemuel*

Bereite dich auf schöpferische Dinge vor, auf das, was du zu sagen hast. Bereite dich auf die Welt im Inneren vor. Was spricht aus dir heraus? Genau das nur kannst du vertreten und sollst dies auch tun. Lass die Welt deine Liebe spüren. Du bist ein großer Segen!

. . . .

. . . .

. . . .

25. September *Suriel*

Komm in dir an. Komm zur Ruhe. Was brauchst du? Lass alles los. Du solltest dich jetzt bloß um dich kümmern. Denn die Welt wartet gern auf dich. Schöpfe deine göttliche Kraft in deiner liebenden Ruhe!

. . . .

. . . .

. . . .

26. September *Jehudiel*

Du bist ein Pilger auf dieser Welt. Wandere und sammle das Wissen dieser Welt. Lass dich nicht belehren, sondern erlebe das Wissen in dir. Nutze es weise und strahle in deiner Kraft aus dir heraus!

. . . .

. . . .

. . . .

27. September *Esrael*

Zeig das, was in dir steckt. Du brauchst dich nicht zu verstecken oder zu zweifeln. Sei ein ebenbürtiger Teil dieser Welt. Andere erfreuen sich an deiner Anwesenheit. Sei du selbst!

. . . .

. . . .

. . . .

28. September *Anafiel*

Wenn du die Geschenke Gottes wünschst, dann schau ganz genau nach vorn. Du entdeckst sie mit der Vollkommenheit deiner Aufmerksamkeit. Die Welt ist reich davon. Wünsch dir … und schau!

. . . .

. . . .

. . . .

29. September ERZENGELTAG *Zophiel*

Genieße deine Erfolge. Koste das Schöne aus. Dafür ist es da. Wer arbeitet, soll ja auch ruhen. Genieße dein Dasein. Alles ist getan. Genieße dein Leben und die Gegenwart in dir und um dich her!

. . . .

. . . .

. . . .

30. September *Orifiel*

Mach dir bewusst, dass deine Lieben sich auf dich freuen. Freu dich auch auf sie. Überlaste dich nicht mit Pflichten. Sei einfach da, so wie du bist. Liebe und freu dich!

. . . .

. . . .

. . . .

Oktober

Erzengel Raguel

Dies ist ein guter Monat für einen Neubeginn in
den verschiedensten Lebensbereichen.
Dafür wirst du jede Menge Chancen und Möglichkeiten
bekommen und wir alle werden dich
sehr tatkräftig unterstützen.
Achte auf Zeichen und Hinweise, die wir dir immer wieder
auf die unterschiedlichsten Weisen »zufallen« lassen.
Schalte den Kopf immer mal wieder aus
und geh in dein Gefühl, deine Intuition.
Wandel zeigt sich, Entscheidungen
und Eigenverantwortung stehen an.

Doch du wirst deine Aufgaben gut bewältigen
mithilfe deiner inneren Potenziale,
die nun im Außen aktiv werden.

1. Oktober *Zuriel*

Es wird Zeit, neue Dinge anzugehen und deinem Leben gerecht zu werden. Öffne dich langsam für neue Aspekte. Lerne von Dingen und Herausforderungen, die dir begegnen. Empfange und genieße die neue Zeit!

2. Oktober Schutzengeltag *Nathanael*

Tanke die Energie der Gegenwart in dir auf. Öffne dich für neue Aufgaben. Sei ganz präsent und in dir da. Liebe deine persönlichen und beruflichen Aufgaben. Dafür gibt es sie. Verbinde dich mit der Gegenwart!

3. Oktober *Israfel*

Du hat viel zu geben in diesem Leben. Sei dir dessen sicher. Erfülle deine Aufgaben mit großer Kraft und Sicherheit. Denn du bist in dir gewachsen. Gib das, was du zu geben vermagst, weiter. Sei in deiner vollständigen Kraft!

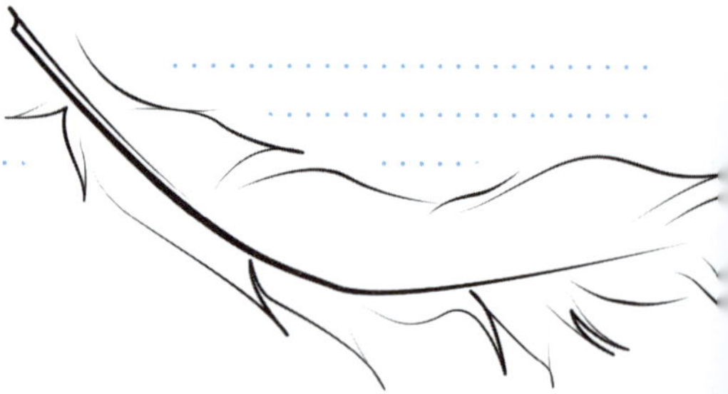

4. Oktober *Dabriel*

Es ist in Ordnung, sich manchmal wie ein Erstklässler zu fühlen. Dies führt zu Demut und zur Rückanbindung an das Heilige Selbst. Wirke ruhig in Gnade und Fülle. Übergib dich vertrauensvoll dem göttlichen Selbst!

. . . .

. . . .

. . . .

5. Oktober *Barachiel*

Arbeit macht glücklich. Geh deiner Arbeit freudvoll nach, ohne den stabilen, ruhigen Boden unter den Füßen zu verlieren. Gib dich selbst nicht in der Arbeit auf. Denn die Arbeit ist zwar ein Teil von dir, aber sie ist nicht dein ganzes Selbst. Ruhe in dir bei deiner Pflichterfüllung.

. . . .

. . . .

. . . .

6. Oktober *Abuliel*

Dieser Tag ist wie für die Liebe geschaffen. Tu alles aus vollstem Herzen und tiefster Überzeugung. Du kannst viel Gutes ausstrahlen und positiv wirken. Nutze deine Kraft! Lebe und wirke!

. . . .

. . . .

. . . .

7. Oktober *Kemuel*

Die Momente, in denen man zum Nachdenken verleitet wird, sind segensreich. Denk nach, philosophiere, aber verlier dich nicht in Schwere und Melancholie. Dann kannst du dich und andere vieles lehren. Lerne aus der Selbstbesinnung!

. . . .

. . . .

. . . .

8. Oktober *Suriel*

Es wird dir heute vieles neu gespiegelt. Verlier dich nicht darin, sondern nimm alles weise zur Kenntnis. Dann kannst du dich in dich selbst neu verlieben. Liebe das Leben in seinem Wirken!

. . . .

. . . .

. . . .

9. Oktober *Jehudiel*

Halte inne, komm in die nötige Stille. Sammle deine Kräfte. Sei nicht verschwenderisch mit deiner Energie. Nutze den Tag zum Loslassen in der Besinnung. Das ist die richtige Art, Leichtigkeit und Muße zu tanken.

. . . .

. . . .

. . . .

10. Oktober *Esrael*

Dieser Tag ist ein Gewinn! Lass dir alles locker von der Hand gehen und versprühe Sicherheit gepaart mit Leichtigkeit. Du selbst bist ein Gewinn! Lebe die Leichtigkeit!

. . . .

. . . .

. . . .

11. Oktober *Anafiel*

Auf alle Fragen findet man Antworten. Man braucht nur eine Portion Geduld und Vertrauen. Stell deine Fragen an die Welt in deinem Inneren und empfange im ruhigen Strom deines Atems die Antworten des Lebens an dich.

. . . .

. . . .

. . . .

12. Oktober *Zophiel*

Vieles, was wir noch nicht verstehen, geschieht für eine entfernte Zukunft. Deshalb verstehst du manche Dinge, durch Lebenserfahrung bedingt, auch erst später. Vertraue und verstehe, dass alles seine Richtigkeit findet auf dem Weg des Lichts. Atme das Licht.

. . . .

. . . .

. . . .

13. Oktober *Orifiel*

Strebe nicht nach einer fernen Zukunft. Wirf keinen Blick in die Vergangenheit. Genieße einfach den Augenblick und wirke in deinen gegenwärtigen Aufgaben, dort, wo du gebraucht wirst. Nämlich hier und jetzt!

. . . .

. . . .

. . . .

14. Oktober *Gasardiel*

Sei für Überraschungen bereit und lass dir von den Schicksalsfäden des Lebens zeigen, wo dein lichtvoller Weg hingehen mag. Die Engel kennen die richtige Straße. Lass los und folge dem guten Gefühl in deiner Brust. Lebe das Vertrauen und die Unabhängigkeit!

. . . .

. . . .

. . . .

15. Oktober *Cassiel*

Der Wind weht in eine ganz neue Richtung. Stell deine Segel dorthin aus, woher der Wind bläst, damit du dorthin gelangst, wohin es dich zieht. Es können nur wunderschöne Begegnungen kommen, wenn du dich vom Leben vertrauensvoll treiben lässt. Ruhe in dir und genieße den Tag! Das Glück ist mit dir.

. . . .

. . . .

. . . .

16. Oktober *Dina*

Der Himmel meint es sehr gut mit dir. Denk an deinen besonderen Wunsch und träume. Das Leben führt dich genau dahin, denn damit kannst du anderen sehr viel helfen. Strahl dein Glück aus und folge dieser Energie!

17. Oktober *Barbiel*

Überleg dir, was du erledigen solltest. Es ist nicht gut, zu viel liegen zu lassen. Verschaff dir einen Überblick, damit du weiterkommst. Ergreif deine Aufgaben gern, denn sie machen frei.

18. Oktober *Vretil*

Beschenke die Menschen heute ganz besonders, denn du hast viel Licht. Erfreu und überrasch deine Umgebung heute, das macht alle und alles so frei. Überrasch mit deiner Freude auch dich selbst voller Elan!

19. Oktober *Kmiel*

Du sollst wissen, dass nichts unmöglich ist. Sonst wären deine Ideen und Einfälle energielos. Und das sind sie nicht, denn sie könnten sich sonst ja gar nicht zeigen. Verfolge deine Ideale, dafür bist du geschaffen. Du kannst es! Geh deinem Ziel entgegen!

. . . .

. . . .

. . . .

20. Oktober *Curaniel*

Konzentrier dich auf wesentliche Aufgaben, die dir und anderen dienen. Bewahre dir Gelassenheit und lass dich nicht ablenken. Dies ist deine innere Aufgabe, die dein Leben lenkt. Besinne dich auf das Wesentliche!

. . . .

. . . .

. . . .

21. Oktober *Merkabah*

Wenn du ein Ziel erfasst hast, dann lass es nicht aus den Augen. Jetzt sollst du deine Konzentration investieren, um es zu erreichen. Denn kein anderer kann es für dich tun. Erfülle das, was du zu erfüllen hast, und nichts anderes. Bleib an deinen Zielen dran! Du schaffst es!

. . . .

. . . .

. . . .

22. Oktober *Ramiel*

Lass Partner und Kollegen an deinen Visionen teilhaben. Besprich deine Konzepte mit ihnen. Und lass sie dir ihre Ideen offenbaren. Nimm einen gut gemeinten Rat an. Du erreichst deine Ziele nur gemeinsam mit anderen. Sei offen dabei!

. . . .

. . . .

. . . .

23. Oktober *Jeremiel*

Du hast alles vollbracht, was in deiner Aufgabe und Verantwortung stand. Übergib nun getrost an die heilen lichtvollen Welten. Du wirst immer richtig geführt von ihnen. Lebe und wirke so, wie es der göttlichen Ordnung entspricht und dem Fluss des Lebens!

. . . .

. . . .

. . . .

24. Oktober *Domiel*

Bei aller Pflicht ist es auch mal nötig, nach Luft zu schnappen und alles für einen kurzen Augenblick loszulassen. Dabei sortieren sich die Dinge neu. Meist trennt sich der Weizen wie von selbst von der Spreu. Tu nur das Notwendige und Richtige! Überfordere dich selbst nicht.

. . . .

. . . .

. . . .

25. Oktober *Cosmiel*

Es gilt, die alten Dinge aufzuräumen und wieder einmal Ordnung in die Abläufe des Alltags zu bringen, um für das Zukünftige bereit zu sein. Nimm deine Aufgaben in herrlicher Gemütlichkeit wahr und lebe deine Träume. Bewahre dir den freien, offenen Kanal!

. . . .

. . . .

. . . .

26. Oktober *Ariel*

Viele Menschen wollen deine Begleiter sein. Du bist zum Anführer geboren. Handle dabei jedoch in Demut und Anmut. Wirke positiv und stark in dieser neuen Zeit. Sei dir deiner Aufgabe sicher und handle mit einer friedvollen Hand. Das Wirken ist dir sicher!

. . . .

. . . .

. . . .

27. Oktober *Zuriel*

Halt dich nicht fest an dem, was alt und längst abgelaufen ist. Wer am Verstaubten festhält, verstaubt selbst. Lerne, deine Gedanken, Gefühle und Taten mit etwas Neuem zu beschäftigen. Inspiriere dich, wage etwas! Erlebe dich selbst, denn das Leben geht immer weiter.

. . . .

. . . .

. . . .

28. Oktober *Nathanael*

Du stehst immer vor der Entscheidung, wie du dein Leben ausrichten willst und welche Richtung überwiegen soll. Deine Flexibilität und Begeisterungsfähigkeit brauchen auch Stabilität. Werde ein Fels in der Brandung und sei dir deiner Wahrheit sicher!

. . . .

. . . .

. . . .

29. Oktober *Israfel*

Die Koffer sind gepackt und du wartest auf deinen Zug. Du hast viel gelernt, jetzt möchtest du es auch anwenden. Integriere dich in bereits bestehende, zukunftsversprechende Projekte, damit du weiter lernen kannst. Denn irgendwann wirst du auf eigenen Füßen stehen.

. . . .

. . . .

. . . .

30. Oktober *Dabriel*

Gründe zum Feiern gibt es im Leben genug. Schau dich um, wie andere Menschen es machen. Wie feiern andere Kulturen und welcher Anteil dabei passt zu dir? Lebe und feiere. Lerne das Leben dabei!

. . . .

. . . .

. . . .

31. Oktober *Barachiel*

Werde dir dessen bewusst, was für Stärken sich in dir entwickelt haben und wofür die Menschen dich lieben. Bau darauf auf. Betrachte dein Leben aus der Sicht des Vertrauens und du machst es dir leichter zu wirken. Tu einfach das, was du am besten kannst!

November

Erzengel Sandalphon

*Ein guter Monat, um Partnerschaftsthemen in Angriff
zu nehmen und diesbezüglich Lösungen
und neue Zugänge zu schaffen.
Dabei solltest du bei dir selbst anfangen
und dich liebevoll umarmen.
Das kannst du tatsächlich oder in Gedanken machen.
Dann schau einmal um dich:
Wer ist neben dir, der dich begleitet in diesem Leben
und mit dem du eine Partnerschaft lebst?
Was könntest du in dieser Partnerschaft,
egal ob mit Ehepartner, Freund oder Kollegen,
zum Positiven hin ändern, was könntest du verbessern?*

*Du kannst dabei nur gewinnen,
denn alles Liebevolle kommt auch wieder
zu dir zurück.*

1. November Allerheiligen *Nathanael*

Es gibt im Leben immer wieder etwas ganz Neues zu erfahren. Erfülle dies mit deinem Vertrauen und deiner Begeisterung. Lerne in Freude. Es gibt keinen Grund, sich zu verspannen. Die Welt und die Menschen sind offen und frei. Lerne daraus und bleib geistreich!

2. November *Israfel*

Folge nicht strengen Vorschriften und starren Vorstellungen. Lass dich auf das Neue ganz ein. Bewahre dir deine Stabilität und Klarheit. Bleib trotz des unentwegten Lernens ein Lehrer deines Selbst. Tu das, was dir gefällt, und schenk die Freude auch anderen!

3. November *Dabriel*

Im Leben bekommt jeder eine ganz bestimmte Prägung. Sie soll dich nicht beschweren, sondern ein Sprungbrett darstellen. Sie ist wie ein Ausgangspunkt für deinen Weg – zum Ziel musst du selbst kommen. Bestimme deinen Weg und deinen Einsatz. Sei mit dir selbst im Einklang!

4. November *Barachiel*

Auf deinem Weg wird es viele Menschen geben, die dich weiterbringen, aber auch solche, die dich behindern wollen. Alle Begegnungen haben den einen Sinn, die eine Berechtigung: deine Intuition zu schulen. Wo willst du hin? Folge diesem Impuls!

5. November *Abuliel*

Auf dem Weg vor dir gibt es bemerkenswerte Menschen und Erfahrungen. Alle Erlebnisse dieser Art sind erhebend und prägend. Nimm bewusst an ihnen teil. Sei dankbar und bereit! Das ist wichtig.

6. November *Kemuel*

Ein Mensch voller Güte übergibt dir göttliche Weisheit. Dreh ihm nicht den Rücken zu. Sei nicht blind vor lauter Voreingenommenheit. Selbst in noch so kleinen Dingen lebt eine Philosophie. Du findest sie in deiner Gegenwart.

7. November *Suriel*

Der Schlüssel zum Erfolg, zu deinem Herzen und zu neuen Türen liegt in dir. Finde ihn in deiner Freude und Fülle. Verschließe dich nicht selbst, sondern forsche und spüre, was dich lebt. Lebe dich selbst und sei im Frieden!

8. November *Jehudiel*

Wir finden immer zum Ursprung zurück. Kein Rennen und Leiden kann dich davon abbringen, es kann deinen Weg höchstens etwas verlangsamen. Öffne deine Schranken. Mach den Schritt voraus zur Harmonie. Lebe deine Erfüllung!

9. November *Esrael*

Aufgaben: Aufgaben und Auf-Gaben! Sie werden nie vergehen. Überschätze sie nicht. Sie haben ihre Berechtigung, du bist aber ebenso berechtigt, dir einen Ausgleich zu nehmen. Lass die Aufgaben für die so notwendigen Augenblicke der Muße einmal los und lebe in der Melodie der Freiheit.

10. November

Anafiel

Wenn deine Lieben dich brauchen, nimm das durchaus ernst. Sie verhalten sich nicht ohne Grund so. Das kostbarste Geschenk ist, Zeit voller Aufmerksamkeit miteinander zu verbringen. Schenk dich den Deinen in jenem Augenblick. Sie lieben dich!

. . . .

. . . .

. . . .

11. November

Zophiel

Schau, ob du alles erledigt und hinter dir aufgeräumt hast oder ob du jemanden und etwas vernachlässigt hast. Korrigiere das, denn Ordnung, auch in Gefühlen, ist das halbe Leben. Korrigiere alles, was nicht im Frieden ist, und liebe dich!

. . . .

. . . .

. . . .

12. November

Orifiel

Du erhältst vom Leben den Schlüssel zu der nächsten Tür, eine neue Möglichkeit und Chance. Verspiele sie nicht, denn sie ist sehr wichtig. Auf sie hast du schon eine ganze Weile gewartet und bist jetzt reif. Nutze deine Chance und geh voran!

. . . .

. . . .

. . . .

13. November *Gasardiel*

Wenn du endlich dem nachgehen darfst, wovon du so lange geträumt hast, dann tu es auch mit aller Konsequenz. Wofür ist es sonst da als für dich? Ergreif all deine Kraft und wachse über dich selbst hinaus!

14. November *Cassiel*

Neue Aufgaben sind keine Hürden oder Beschwerden, sondern die Fortsetzung deines Weges. Sieh das als so selbstverständlich an, wie es das auch ist, und steig voller Leichtigkeit auf die Berge deines Lebensweges. Du erreichst dein Ziel!

15. November *Dina*

Denk über deine Entscheidungen, Einstellungen und Handlungen sorgfältig nach. Lass dir mehr Zeit, wenn das nötig ist. Denn die nächste Ausrichtung wird sehr bestimmend und prägend in deiner Entwicklung sein. Sei dir dabei sicher! Dann gewinnst du.

16. November *Barbiel*

Das Bewahren des Alten fördert Beständigkeit und Wertschätzung. Das Streben nach Neuem bewirkt Jugendlichkeit und Wirksamkeit. Beides ist in dir. Du erlebst beides auf deinen Wegen zu neuen Ufern. Strebe nach einer neuen Beständigkeit!

. . . .

. . . .

. . . .

17. November *Vretil*

Altes, Erinnerungen und vieles mehr, was dir begegnet, darf dir keine Angst machen. Identifiziere dich nicht damit. Denn du bist nicht mehr der, der du noch gestern oder gar vor Jahren warst. Identifiziere dich mit deiner Haltung heute. Mach dir deine Veränderung bewusst. Das ist der Sinn!

. . . .

. . . .

. . . .

18. November *Kmiel*

Deine Lieben brauchen deine Zuneigung und Liebe. Sie finden in dir ihren Halt. Wende ihnen dein Herz und dein offenes Ohr zu. Sie werden dir dafür danken, und dieses Glück kehrt verstärkt zu dir zurück. Lebe dein Mitgefühl!

. . . .

. . . .

. . . .

19. November *Curaniel*

Neue Ideen, berauschende Meere, lockende Ziele warten auf dich, keine Frage. Aber komm erst einmal zur Ruhe, weg von oberflächlicher Euphorie. Sei der bedächtige Kapitän und voller Kraft beim Lenken deines Schiffs!

. . . .

. . . .

. . . .

20. November *Merkabah*

Eine Oase der Ruhe, dein eigenes Paradies – sie gehen heute vor! Schalte ganz bewusst mehrere Gänge herunter. Lade deine Batterien neu auf und stärke deine Nerven. Lass dich ein auf diese sehr wichtige Kur. Wehre dich nicht, sei ganz dabei!

. . . .

. . . .

. . . .

21. November *Ramiel*

Schritt für Schritt. Alles zu seiner Zeit. Versuche nicht, an der Uhr zu drehen und die Dinge zu beschleunigen – so gewinnst du nichts. Vollziehe alles mit göttlicher Ruhe, Schritt für Schritt. Lass dein Leben von den Engeln lenken!

. . . .

. . . .

. . . .

22. November *Jeremiel*

Schließ Frieden mit deinen Projekten. Überprüfe deinen Willen. Wo willst du wirklich hin? Beschließe neue Ziele und weiche nicht davon ab. Sei deutlich und klar beim Äußern deiner Vorhaben und bei der Umsetzung. Das ist sehr wichtig. Dann bist du auch für andere Menschen produktiv.

23. November *Domiel*

Es wird Zeit, neues Wissen zu erlangen, Neues zu lernen. Lass dich von Engeln, Büchern, Menschen oder Kursen lehren. Bremse deine Entwicklung nicht. Du kannst mehr! Tu etwas dafür und nutze die Möglichkeiten in deinem Leben!

24. November *Cosmiel*

Heute wird dein Handeln benötigt. Scheu dich nicht, mit anzupacken. Du hast mehr Kraft, als du glaubst. Es ist sehr wohltuend, eigene Grenzen zu erweitern. Hilf, handle und sei in deiner Kraft präsent!

25. November *Ariel*

Menschen fragen dich um Rat. Hab keine Angst davor, mal keine Antwort parat zu haben. Deine Anteilnahme ist das Entscheidende und das, was hilft. Sei einfach da und erlebe dein Mitgefühl und deine Harmonie!

. . . .

. . . .

. . . .

26. November *Zuriel*

Sei bereit, ganz viele Geschenke »von oben« zu empfangen. Sie sind alle für dich. Nimm so viel, wie du brauchst, der Kosmos ist voller Kraft. Werde dir bewusst, was du brauchst, und handle danach, geführt vom Licht!

. . . .

. . . .

. . . .

27. November *Nathanael*

Es liegt im Naturell der Menschen, wissbegierig zu sein. Sie stellen Fragen und bitten um Rat. Das ist völlig in Ordnung. Wenn du gefragt wirst, dann antworte geduldig. Wenn du die Antwort nicht weißt, dann sei still. Lebe deine Aufgabe!

. . . .

. . . .

. . . .

28. November

Israfel

Verlier dich nicht in zu vielen Anfragen. Natürlich gibt es dieses und jenes zu tun. Und dieser und jener will etwas von dir. Das alles ist völlig normal. Atme tief durch, lass die Zeit in dir ruhen und fließe nicht wie in einem Strudel nach außen. Im Innern und in der Ruhe lösen sich unnötige Dinge auf und du findest die Kraft, dort zu wirken, wo du wirklich gebraucht wirst.

. . . .

. . . .

. . . .

29. November

Dabriel

Eine Ära geht zu Ende. Geh in dein Inneres. Schau, was in diesem Jahr war, und verabschiede dich. Die Phase des Loslassens hat begonnen. Verstehe, vergib und lass los, damit das Neue lichtvoll kommen kann.

. . . .

. . . .

. . . .

30. November

Barachiel

Setz dich mit dir auseinander. Sei es dir wert, dir selbst heute etwas Zeit zu schenken. Erfülle deine Bedürfnisse und spüre dein inneres Herz. Geh Hand in Hand mit deiner inneren Stimmigkeit. Sei dir das selbst wert!

. . . .

. . . .

. . . .

Dezember

Erzengel Metatron

*Die Dezembertage, vor allem um die Weihnachtszeit herum,
kannst du verstärkt mit Beschäftigungen
im mentalen und seelischen Bereich füllen.
Vermeide negativen Adventsstress
mit übertriebenen Ausgaben
und kraftraubenden Vorbereitungen.
Reduziere das Außen auf das Notwendigste und konzentriere
dich auf die Botschaften, die du von deiner Seele,
deiner Intuition und auch von uns Engeln bekommst.
Du wirst neue Wege, positive Umstrukturierungen
und unglaubliche Möglichkeiten erkennen,
wenn du es schaffst, in dich hineinzuhören.*

*Denn ich bin bei dir mit all meinen Engeln,
die dir gern helfen.*

1. Dezember *Israfel*

Feiere dein Leben! Schau, wofür du alles dankbar sein kannst. Was alles für dich getan wurde. Wie beständig deine Beziehung zu dir selbst ist und wie liebevoll du zu anderen Menschen bist. Sei dir all dessen bewusst. Dann hast du Kraft und Freude zu helfen!

2. Dezember *Dabriel*

Neuer Tag, neue Chance. Lebe deinen Optimismus aus. Betrachte das Schöne vor dir, dann erlebst du es im Inneren. Trotz dieser Freiheit halte dich mit zu weit reichenden Plänen zurück, sondern genieße stattdessen die Zufriedenheit jetzt!

3. Dezember *Barachiel*

Schlepp einmal begrabene Dinge nicht mit und in dir weiter. Grüble darüber auch nicht mehr nach. Denn wenn das bis jetzt nichts gebracht hat, dann bringt es dich auch heute nicht mehr weiter. Stattdessen sind jetzt vergeben und loslassen gefragt.

4. Dezember *Abuliel*

Was möchtest du deinen Lieben schenken? Was kommt so richtig von Herzen? Sei kreativ und ideenreich. Was spiegelt eure Beziehung und eure Individualität wirklich wider? Und was braucht der andere von dir? Sei kreativ im Lieben!

. . . .

. . . .

. . . .

5. Dezember *Kemuel*

Besinnung ist eine wichtige Qualität heute. Bring die Dinge in deinem Zuhause in Ordnung. Lass die Pflicht einmal ruhen und verschönere deinen Lebensraum. Besinne dich auf dein Heim!

. . . .

. . . .

. . . .

6. Dezember *Suriel*

Die Karten der wahren Liebe sind immer offen, weil voller Vertrauen. Zweifel sind dabei unklug und bremsend. Erlebe die Liebe voller Vertrauen. Schenk deine Bereitschaft zu lieben und werde aktiv dabei. Begegne den Menschen mit deinem Lächeln und einem freundlichen Dasein!

. . . .

. . . .

. . . .

7. Dezember *Jehudiel*

Betrachte, wo du heute angekommen bist. Was hast du erlebt und bewältigt? Ruh dich aus, jetzt ist erst mal Schluss! Erhol dich! Jetzt ist deine Zeit!

8. Dezember *Esrael*

Oft ist das Schönste an einer Reise nicht das Ziel, sondern die Reise selbst. Erlebe dies nun selbst und lass dich auf die Fahrt so ein, dass du mehr davon hast. Mach deine Augen auf für alles, was dir begegnet, und erlebe es in Dankbarkeit. Erlebe dieses Leben!

9. Dezember *Anafiel*

Das Ziel ist immer eine Notwendigkeit. Der Mensch muss in Bewegung bleiben, verankert in seinem Inneren. Du bist die Welt um dich herum. Du bist das Licht in deinem Inneren.

10. Dezember *Zophiel*

Du bist in dir ein Stück weit angekommen. Genieße diesen Moment. Schau dich um und komm in dir als deinem Zuhause an. Lebe die Wärme und Fülle deines Wesens und lebe daraus. Du bist die Wärme des Lebens, deines inneren Raumes!

. . . .

. . . .

. . . .

11. Dezember *Orifiel*

Hör dir die Anliegen deiner Mitmenschen erst an, bevor du dich für neue Pläne entscheidest. Denn diese werden mit den Bedürfnissen deiner Lieben übereinstimmen müssen. Also, nicht so voreilig! Schau, was andere brauchen. Stimmt euren Weg zusammen ab, auch wenn du der Führer deines Lebens bleibst.

. . . .

. . . .

. . . .

12. Dezember *Gasardiel*

Sollten in dir Erinnerungen hochkommen, so lass es zu. Denn sie sind wie kleine, noch unausgepackte Geschenke deiner Erfahrung. Erlaube dir, sie zu öffnen, denn jedes möchte dir eine Erkenntnis offenbaren. Erkenne dein Wesen selbst!

. . . .

. . . .

. . . .

13. Dezember *Cassiel*

Hab kein Unbehagen vor einem ganz neuen Wagnis. Du weißt ja, diese Begegnungen sind erfüllt von einer ganz neuen Kraft. Sie öffnen dir nicht nur deinen Horizont, sondern geben dir auch ganz neue Möglichkeiten, an die du vorher nicht denken konntest. Mach deine Augen auf, für etwas ganz Neues!

. . . .

. . . .

. . . .

14. Dezember *Dina*

Eine längst fällige Freude begegnet dir heute. Du darfst etwas für dich erfahren und für einen anderen Menschen erfüllen. Sei bereit, zu geben und zu erleben. Das Schöne im lichtvollen Sinne begegnet dir heute!

. . . .

. . . .

. . . .

15. Dezember *Barbiel*

Alte Karten sind offen. Niemand verheimlicht dir etwas. Dein Leben will nichts vor dir verschließen. Öffne du dich daher selbst für die lebendigen Dinge. Vieles liegt in dir selbst. Alles ist möglich. Gib dir einen Ruck und begegne dir selbst!

. . . .

. . . .

. . . .

16. Dezember *Vretil*

Bist du bereit, das Glück anzunehmen? Dann schau nicht bloß darauf, sondern nimm es auch an. Nimm das Lächeln eines lieben Menschen an, schenk ihm Liebe dafür. Erlebe, wie dein Dasein von Fülle und Wärme erfüllt wird. Begegne mit dieser Kraft auch anderen Menschen!

17. Dezember *Kmiel*

Pflege nicht den Zopf der Vergangenheit, sonst bremst er dich nur ab. Die Vergangenheit war nur dein Ausgangspunkt. Früheres hat dich früher angeleitet. Heute erhebe dein Haupt zum neuen Licht und erfahre neue Ufer. Die Zukunft ist eine vorantreibende Kraft. Erkenne deine Lichtwünsche!

18. Dezember *Curaniel*

Die Liebe der Mitmenschen annehmen zu können, will gelernt sein. Dies macht man nicht in Euphorie, Erwartungshaltung oder Melancholie, sondern im Gefühl der inneren Stille und Zufriedenheit. Dann kannst du ewig Licht daraus schöpfen, ohne Zweifel und Furcht. Erlebe das Licht der Gegenwart!

19. Dezember *Merkabah*

Die Menschen können nicht unendlich viele Geschenke auspacken und unentwegt Hilfe annehmen. Dies führt nur zu Übersättigung und steigert die Bedürftigkeit. Lehre die Menschen durch deine Liebe, ihre eigene zu erfahren und aus dieser Quelle zu wachsen. Lebe die Liebe vor! Das ist eine ewige Überraschung!

. . . .

. . . .

. . . .

20. Dezember *Ramiel*

Die Welt ist rund, alles ist rund und in Ordnung. Schenk dir selbst an diesem Tag die Eigenschaft, dich nicht zu sorgen. Lass die Dinge ihren Lauf nehmen und lass es geschehen. Altes fließt in seiner eigenen Geschwindigkeit fort. Und du, komm zur Ruhe und zur inneren Stille! Erlebe die Geschwindigkeit in Gelassenheit!

. . . .

. . . .

. . . .

21. Dezember *Jeremiel*

Es häufen sich Aufgaben an. Dies ist gut so, denn es erhöht deine Begeisterungsfähigkeit. Stell dich neuen Anforderungen, sie bringen dich weiter in deiner Lebensfähigkeit. Du bist auf einem guten Weg, aus deiner Liebe zu leben.

. . . .

. . . .

. . . .

22. Dezember *Domiel*

Du hast viel Gutes geleistet und viel Lichtvolles offenbart. Bleib einmal stehen und lass andere daraus Kraft tanken und vieles begreifen. Du bist ein Vorreiter in deiner Zeit. Bring lichtvolle Impulse vom Himmel auf die Erde hinunter! Die Welt wartet auf dein wundervolles Wirken.

. . . .

. . . .

23. Dezember *Cosmiel*

Ein neuer Impuls im entscheidenden Moment wird dein Leben verändern. Achte auf beeindruckende Erfahrungen und öffne dich ihnen. Die Engel wollen dich vorwärtsbringen, sitz also nicht untätig da, sondern sei voller Bereitschaft zu wirken. Arrangiere wunderbare Begegnungen, einfühlsame Gespräche und neue Taten!

. . . .

. . . .

. . . .

24. Dezember Heiligabend *Ariel*

Wenn es draußen stürmt, dann bist du aufgefordert, nach innen zu schauen. Mach es dir im Vertrauen gemütlich, beobachte die Welt, dich selbst und daraus entstehende Möglichkeiten und Wünsche. Wirke aus dem inneren Frieden, dann tust du immer das Richtige!

. . . .

. . . .

. . . .

25. Dezember Erster Weihnachtstag *Zuriel*

Neue Begegnungen klopfen an. Öffne deine Türen und erfreue dich daran. Die Menschen sind dir froh gesonnen, der Himmel ist dir gnädig. Du bist ein Kind der Sonne. Begegne dem Leben!

26. Dezember Zweiter Weihnachtstag *Nathanael*

Die Geheimnisse des Lebens sind zum inneren Erleben da. Deshalb findet man sie nicht im Außen, sondern im Gefühl. Was symbolisiert ein Mensch, ein Thema, ein Gegenstand, der dich fasziniert? Erlebe dies im Wesenskern deines Inneren – dann begreifst du es! Es ist der menschliche Kern.

27. Dezember *Israfel*

Einen bunten Blumenstrauß an wertvollen Erfahrungen sammelt das Leben für dich. Der Himmel weiß schon, wo es dich hinführen mag. Fliege wie ein Vogel in die Lüfte, durch die Wege deines Lebens, voller Sicherheit und aufmerksam! Erhebe deine Seele in die Lüfte!

28. Dezember *Dabriel*

Die Aufgaben deiner Ahnen müssen dich nicht einholen. Doch ihre Gaben und Fähigkeiten dürfen dir zur Verfügung stehen. Erlebe deine Aufgaben an dir selbst und in Liebe. Nutzt du das Vergangene, folgst du den lichten Sphären. Dies ist Ahnenerfüllung!

29. Dezember *Barachiel*

Alte Briefe erinnern oft an alte Leidenschaften. Schreib doch neue! Entwickle inspirative Eigenschaften, dann erlebst du mehr als beim unerfüllten Alten. Schreib eine neue Geschichte, aber nicht aus der Vergangenheit. Geh in eine echte Zukunft!

30. Dezember *Abuliel*

Dies ist ein Tag der Besinnung und Sanftmut. Lass einmal alle Dinge liegen und hör der Stille zu. Sie möchte dir sehr viel erzählen von einer himmlischen Ruhe. Bring diese auf den warmen Boden unserer Erde. Lausche den Klängen des Himmels und lass sie hier wirken. Sie ertönen für deine besinnliche Ruhe.

31. Dezember SILVESTER

Kemuel

Rechne mit Altem ab, um Neuem zu folgen. Beende die Dinge, die du nicht mehr brauchst. Beende das Abgelaufene und liebe die Frische der neuen Luft. Was sind deine weiteren Wege, welche Berge solltest du besteigen? Welche Begegnungen, Entscheidungen und Entwicklungen sind zu bestehen? Alles kommt in deinem inneren Einklang zur Erfüllung. Nimm deinen eigenen Segen und deine eigene Liebe und die des göttlichen Lebensgeschenkes an!

Die Welt ist meine See,
der Schiffmann Gottes Geist,
das Schiff mein Leib, die Seel' ist's,
die nach Hause reist.

Angelus Silesius,
Der Cherubinische Wandersmann

Anhang

Stichworte zu den Erzengeln der zwölf Monate

Januar – Erzengel **Michael** / Neujahrsengel: »Der ist wie Gott«; ein Richterengel, der vor allem für Klarheit, Unterscheidungskraft und Schutz sorgt.

Februar – Erzengel **Gabriel:** »Gott ist meine Stärke«; Verkündigungsengel, der Himmelsbotschaften überbringt und deutliche Kommunikation fördert.

März – Erzengel **Raphael:** »Gott hat geheilt«; Heilengel par excellence, der uns heilt und auch unsere Heilfähigkeiten stärkt.

April – Erzengel **Uriel:** »Feuer Gottes«; Engel der Buße und Erlösung; manchmal auch als Beherrscher der Unterwelt genannt.

Mai – Erzengel **Jophiel:** »Schönheit Gottes«; er hilft, Wachstum und Reife zu eigenverantwortlicher Lebensgestaltung zu führen.

Juni – Erzengel **Chamuel:** »Der Gott sucht«; er steht für göttliche Gerechtigkeit, wird aber heutzutage gern als »Engel des Herzens« gesehen.

Juli – Erzengel **Zachariel:** »Erinnerung an Gott«; ein Engel der guten Gaben (ihn umrankt ähnlicher Mythos wie Jupiter).

August – Erzengel **Haniel:** »Herrlichkeit Gottes« oder »der Gott sieht«, auch »Gnade Gottes«; er unterstützt die Entfaltung von Sanftmut und Zärtlichkeit.

September – Erzengel **Zadkiel:** »Rechtschaffenheit Gottes«; Engel der Güte und Barmherzigkeit.

Oktober – Erzengel **Raguel:** »Freund Gottes«; Engel der bewussten Ausrichtung auf Gott hin.

NOVEMBER – Erzengel **Sandalphon:** »Mit-Bruder«; Möglicherweise die Engelgestalt von Elias. Er wird auch im Islam als Engel genannt; er bringt die Gebete der Gläubigen zum Thron Gottes.

DEZEMBER – Erzengel **Metatron:** Manchen gilt er als ein »Engel-König«; Engelgestalt von Enoch bzw. Henoch; göttlicher Schreiber und Archivar; damit vielleicht Hüter der Seelenchroniken, des Buches mit den sieben Siegeln, der Akasha-Chronik?

Stichworte zu den Tagesengeln

Abdiel: »Diener Gottes«; hilft, Ego-Willen und Seelen-Willen zu unterscheiden und sich richtig zu orientieren.

Abuliel: Übermittelt Gebete an Gott.

Anafiel: »Zweig Gottes«; Fürst des Wassers und damit Helfer für alles, was im Fluss sein soll.

Ariel: »Löwe Gottes«; Engel des Windes und damit der Beweglichkeit.

Barachiel: »Blitz Gottes«; wird gern angerufen, um Erfolg bei Plänen zu haben, bei denen es auch um Glück geht.

Barbiel: Ein Heilerengel mit den Fähigkeiten, die dem Tierkreiszeichen Skorpion zugeschrieben werden.

Baruch: »Gesegnet«; Beistand für den menschlichen Geist in Zweifeln und Unklarheiten.

Cassiel: Tröster in Zeiten der Einsamkeit und der Tränen, der Wege zum Himmelreich aufzeigt.

Cosmiel: Begleiter der Seele auf Astralreisen und anderen außerkörperlichen Erfahrungen.

Curaniel: Ein Engel des Südens und damit für uns auf der nördlichen Halbkugel die Ausrichtung auf Licht, Leichtigkeit und das Loslassen.

Dabriel: Ein Himmelsschreiber und so eine Aufforderung an uns zu überlegen, was es in unserem Leben wert ist, aufgeschrieben (= bewahrt) zu werden.

Dina: Schutzengel von Gesetz, Ordnung und Weisheit.

Domiel: Engelherrscher der vier Elemente; Erinnerung daran, die menschliche und alle irdischen Formen zu achten und zu pflegen.

Esrael: Der Name weist auf den Begriff »Hilfe« hin; er hilft Menschen, sich weiterzuentwickeln.

Gasardiel: Ebenfalls ein Engel, der Bitten in den Himmel trägt.

Hasiel: »Vision Gottes«; unterstützt den Menschen in dessen Gebet um das Erbarmen Gottes.

Israfel: In der arabischen Tradition Engel der Wiederauferstehung.

Jehudiel: Engel der kosmischen Ordnung und damit eine Erinnerung für uns, dass wir Teil eines großen Ganzen sind.

Jeremiel: »Barmherzigkeit Gottes«; Helfer für Seelen, die auf die Auferstehung warten.

Kemuel: »Versammlung Gottes«; »Racheengel«, also ein Helfer dabei, Gerechtigkeit zu erlangen.

Kmiel: Engel der Sommersonnenwende und Beschützer vor dem »bösen Blick«.

Merkabah: Engel bzw. Geist- und Himmelswesen, die den Feuerwagen Gottes bilden und an dessen Thron stehen.

Nathanael: »Geschenk Gottes«; er soll einer von wenigen Engeln sein, die direkt von Gott selbst erschaffen wurden.

Orifiel: Nach Paracelsus ein Engel, der Talismane aktiviert und wirksam macht.

Ramiel: Ein »Donnerengel« im Sinne der laut vernehmbaren Einordnung von Seelen und ihrer Taten auf Erden; wohl einer der »Gerichtsengel«.

Suriel: »Gottes Befehl«; gilt als Lichtengel, der auch als Begleiter der Seelen nach dem Körpertod dient.

Teiael: Nach der Kabbala ein Engel, der die Zukunft voraussehen und voraussagen kann. Er regiert auch geschäftliche Unternehmungen.

Vretil: Hüter der Schätze der heiligen Bücher (womit sicher nicht nur die christlichen, sondern alle heiligen Bücher gemeint sind); er soll einer der weisesten Engel sein.

Zophiel: »Wissen Gottes«; Engel der klaren Prüfung; er hat Saturncharakter.

Zuriel: »Mein Fels ist Gott«; Engel der Verständigung zwischen Gruppen, Thesen und anderen kollektiv wirksamen Gegensätzen; auch Engel der Religionsverständigung.

Mehr Hinweise zur Bedeutung von 150 Engeln, ihren Namen und ihren besonderen Aufgaben finden Sie in unserem *Buch Die Engelbotschaft deines Namens.* Eine Vertiefung der Engelnumerologie lesen Sie in unserem Buch *Die Botschaft der Engelzahlen.* Beide Bücher sind im Heyne Verlag, München, erschienen.

Wir finden übrigens manche Engel unter verschiedenen Namen. Zum Beispiel taucht Teiael bisweilen unter dem Namen Isiael auf. Das bisher nur auf Englisch erschienene Kompendium *A Dictionary of Angels* von Gustav Davidson, Free Press, New York, 1971, gibt mehr Aufschluss darüber.

Literaturhinweise

Von Jutta Fuezi und Wulfing von Rohr sind bisher im Heyne Verlag München erschienen:

- *Die Botschaft der Engelzahlen. Himmlische Numerologie*, 2010
- *Die Engelbotschaft deines Namens. 600 Vornamen in ihrer spirituellen Bedeutung*, 2011
- *Engel machen Wünsche wahr. Himmlische Energien für Glück und Erfüllung*, 2012
- *Engel-Reiki. Himmlische Heilenergie für Körper, Geist und Seele*, 2013

Einige weitere Bücher von Wulfing von Rohr:

- *Kleine Erleuchtungen. Praktische Schritte ins Erwachen*, Knaur Verlag, 2009
- *Was lehrte Jesus wirklich?* Schirner Verlag, 2008
- *Kuan Yin. Die weibliche Fürsprecherin im Buddhismus*. Schirner Verlag, 2007

Zu den Autoren

Jutta Fuezi

Die Autorin ist eine bodenständige Engelbotschafterin, die ihren Lebensunterhalt in einem »bürgerlichen Beruf« bei einer Sozialversicherung verdient. Sie hat mit einer Freundin das kleine Seminarzentrum Engellicht in Eisenstadt südlich von Wien gegründet und bietet Kurse, Beratungen und Engel-Reiki-Einweihungen an. Jutta Fuezi hat mehrere grundlegende Engelbücher geschrieben (siehe Literaturhinweise), für das ENGELmagazin zwei Jahre lang wertvolle Beiträge geschrieben und war eine Hauptreferentin bei den Engeltagen in Wien und Nürnberg. Sie ist Mutter einer erwachsenen Tochter und lebt im Burgenland.

Webseite: www.engellicht.at
E-Mail: jutta@engellicht.at
Telefon: +43-(0)664-9384813

Wulfing von Rohr

Er ist Kulturforscher, Esoterikexperte, Autor und Koautor zahlreicher Bücher, Seminarleiter, Organisator von Konferenzen und war Gründungschefredakteur des ENGELmagazins. Derzeit lebt er in Rust am Neusiedler See, südlich von Wien. Wulfing von Rohr ist Träger des »Inspire Consciousness Award 2010«, einer internationalen

Auszeichnung für Bewusstseinspioniere, und sowohl Mitbegründer als auch Ehrenmitglied der Großgmainer Marienbruderschaft. Er organisiert und leitet verschiedene mystische Reisen zu Kraftorten auf Malta, in Frankreich, Ägypten und anderen Ländern.

Webseite: www.wulfingvonrohr.info
E-Mail: wulfing@gmx.at